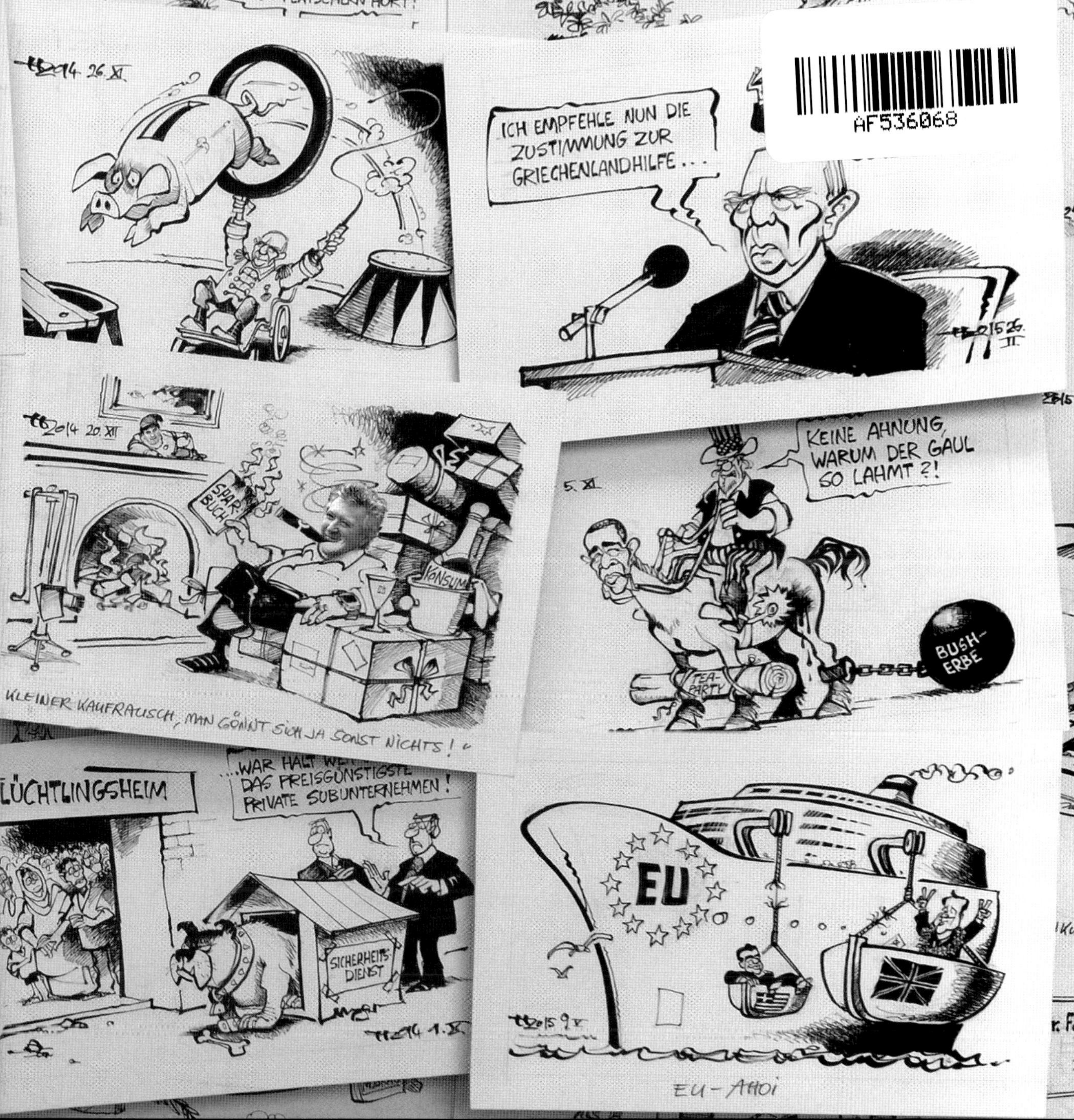
SO PLÄTSCHERN HÖRT!
AF536068
ICH EMPFEHLE NUN DIE ZUSTIMMUNG ZUR GRIECHENLANDHILFE...
SPAR-BUCH
KONSUM
KLEINER KAUFRAUSCH, MAN GÖNNT SICH JA SONST NICHTS!«
KEINE AHNUNG, WARUM DER GAUL SO LAHMT?!
TEA-PARTY
BUSH-ERBE
FLÜCHTLINGSHEIM
...WAR HALT DAS PREISGÜNSTIGSTE PRIVATE SUBUNTERNEHMEN!
SICHERHEITS-DIENST
EU
EU-AHOI

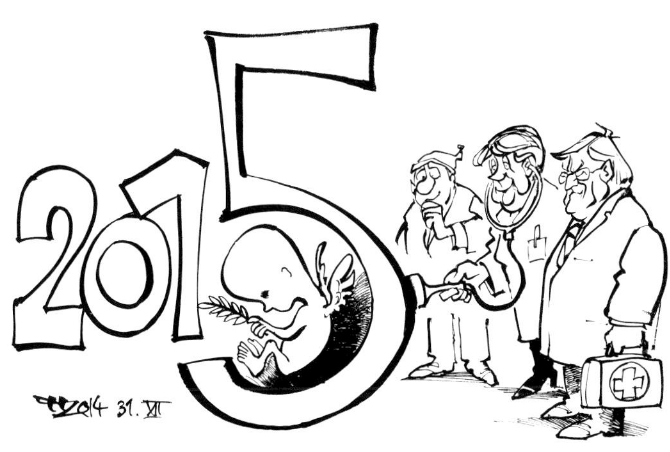
2015
2014 31. XII

Politische Karikaturen von Horst Haitzinger

stiebner

Gedruckt auf chlorfrei gebleichtem Papier

Bibliografische Information der Deutschen Nationalbibliothek
Die Deutsche Nationalbibliothek verzeichnet diese Publikation in der Deutschen Nationalbibliografie;
detaillierte bibliografische Daten sind im Internet über http://dnb.d-nb.de abrufbar.

Fotos: Heinz Gebhardt
Eine Auswahl von Veröffentlichungen aus den Jahren 2014/2015

Gesamtherstellung: Stiebner, München
www.stiebner.com
Printed in Germany
ISBN: 978-3-8307-1697-6

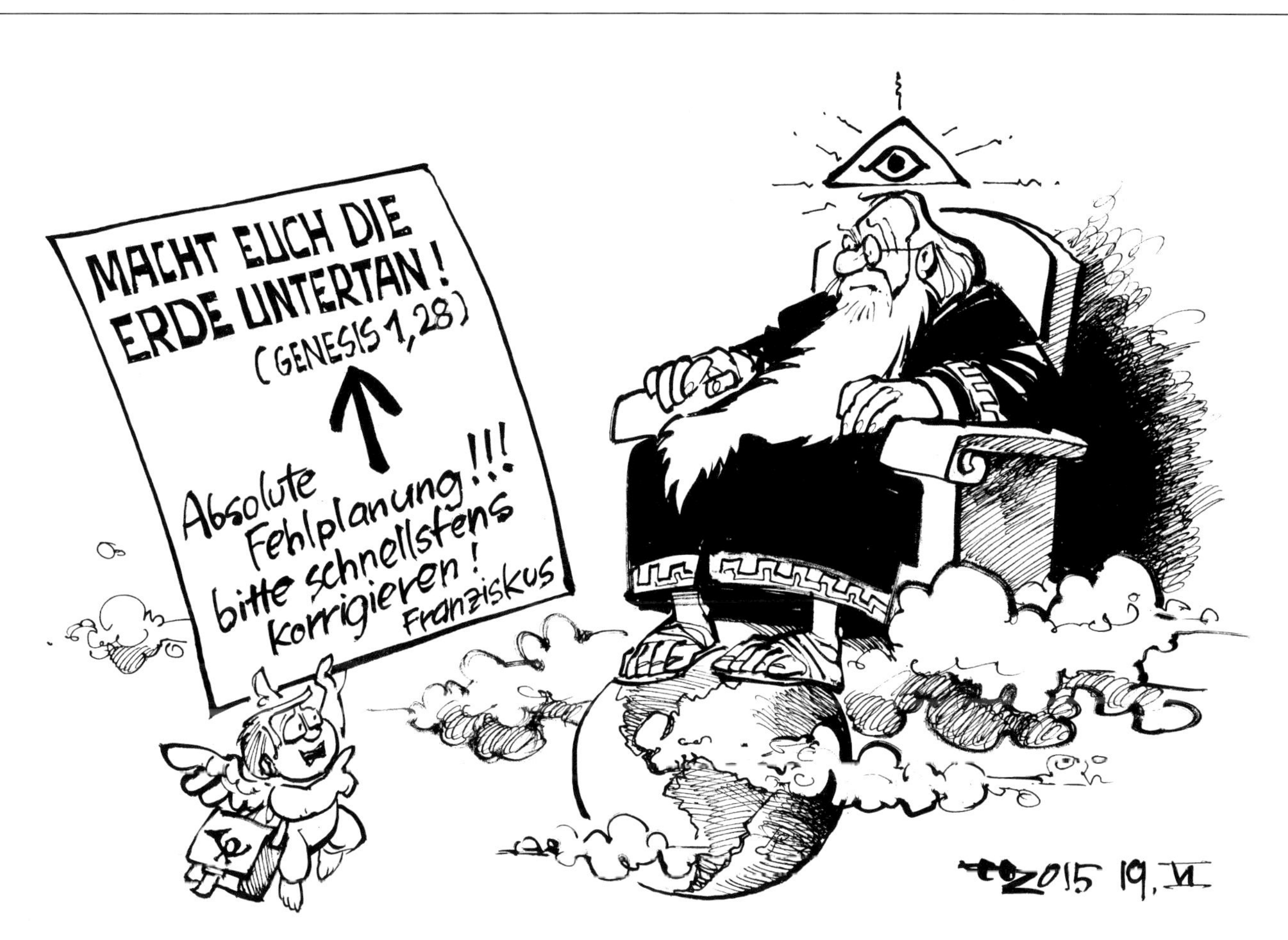

»... Ein Einschreiben von deinem Vize!«

Juni 2015: Papst Franziskus prangert in einer Enzyklika, in außergewöhnlich scharfer Form, den Umgang der Menschen mit Natur und Umwelt an.

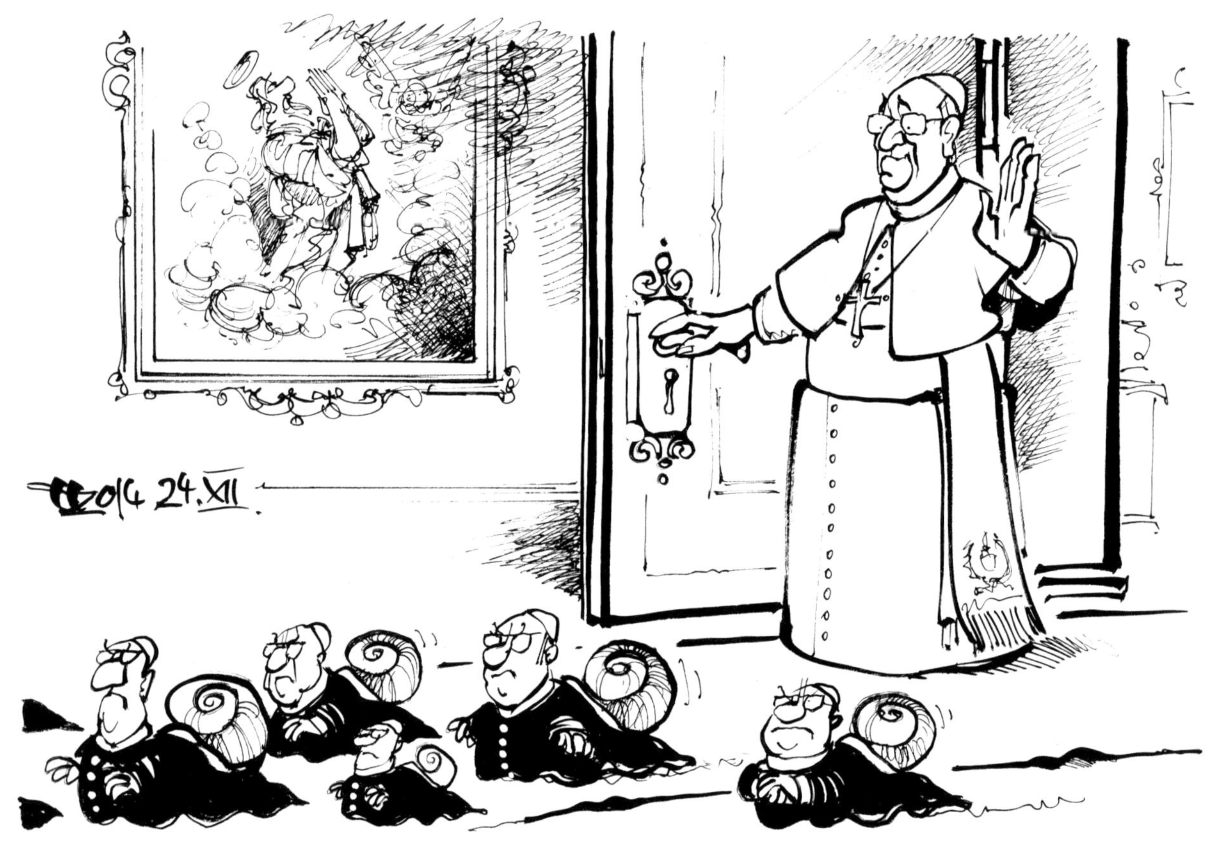

Papst Franziskus verabschiedet die Kurie in die Weihnachtsferien!

Dezember 2014: Der Papst äußert in seiner Weihnachtsansprache, mit ungewöhnlicher Schärfe, Kritik an der Kurie.

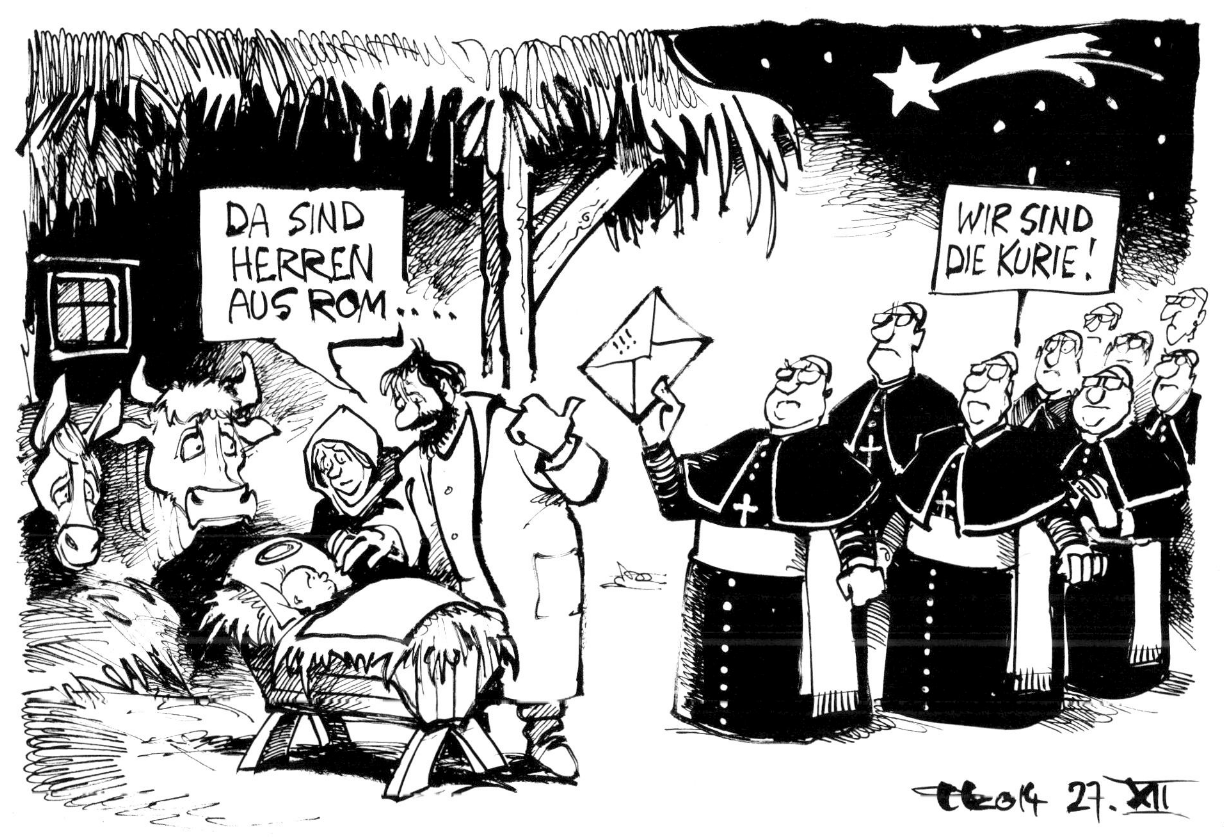

»... mit einem Beschwerdebrief über deinen Stellvertreter!«

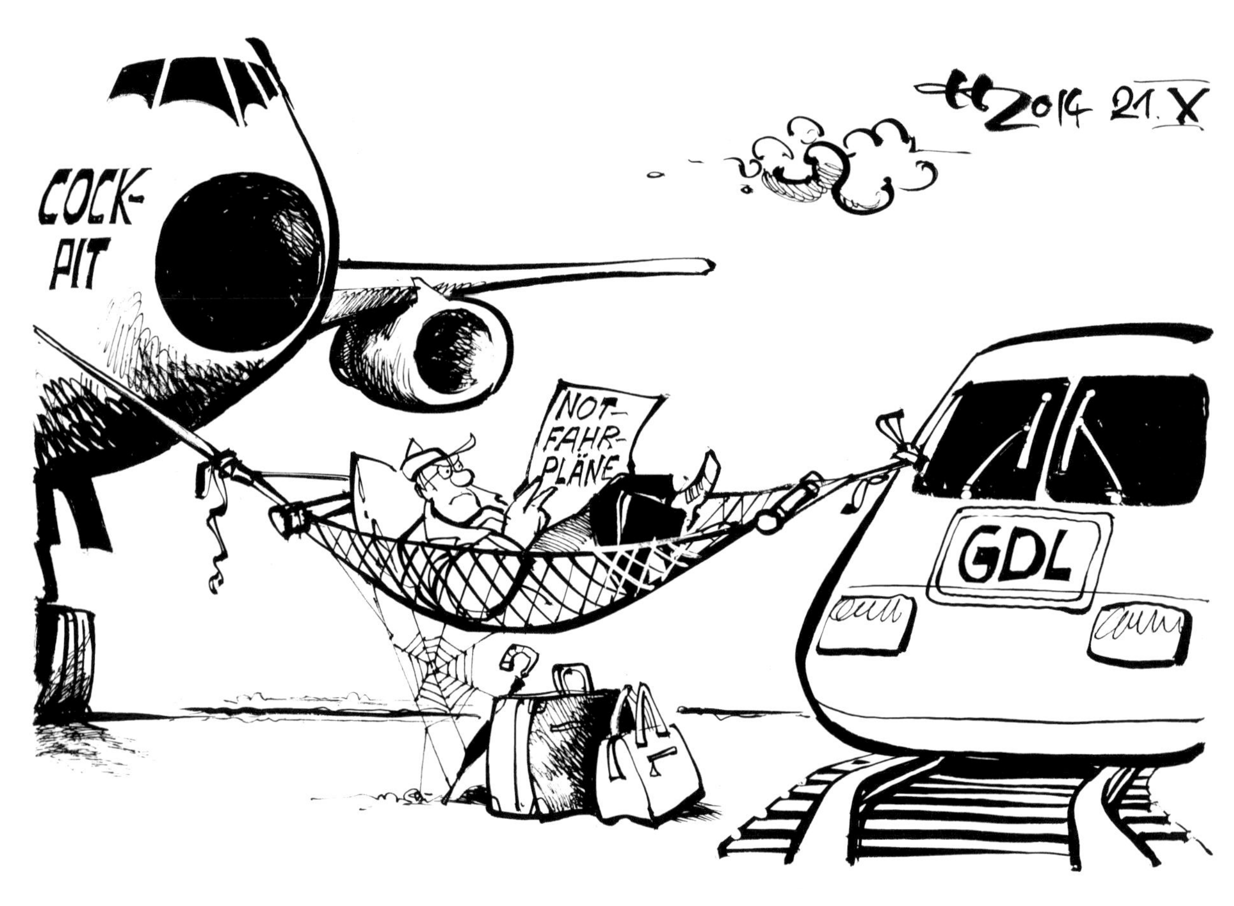

Reisen bildet

Oktober 2014: Die Mini-Gewerkschaften Cockpit und GDL legen mit ihren Streiks das Land lahm.

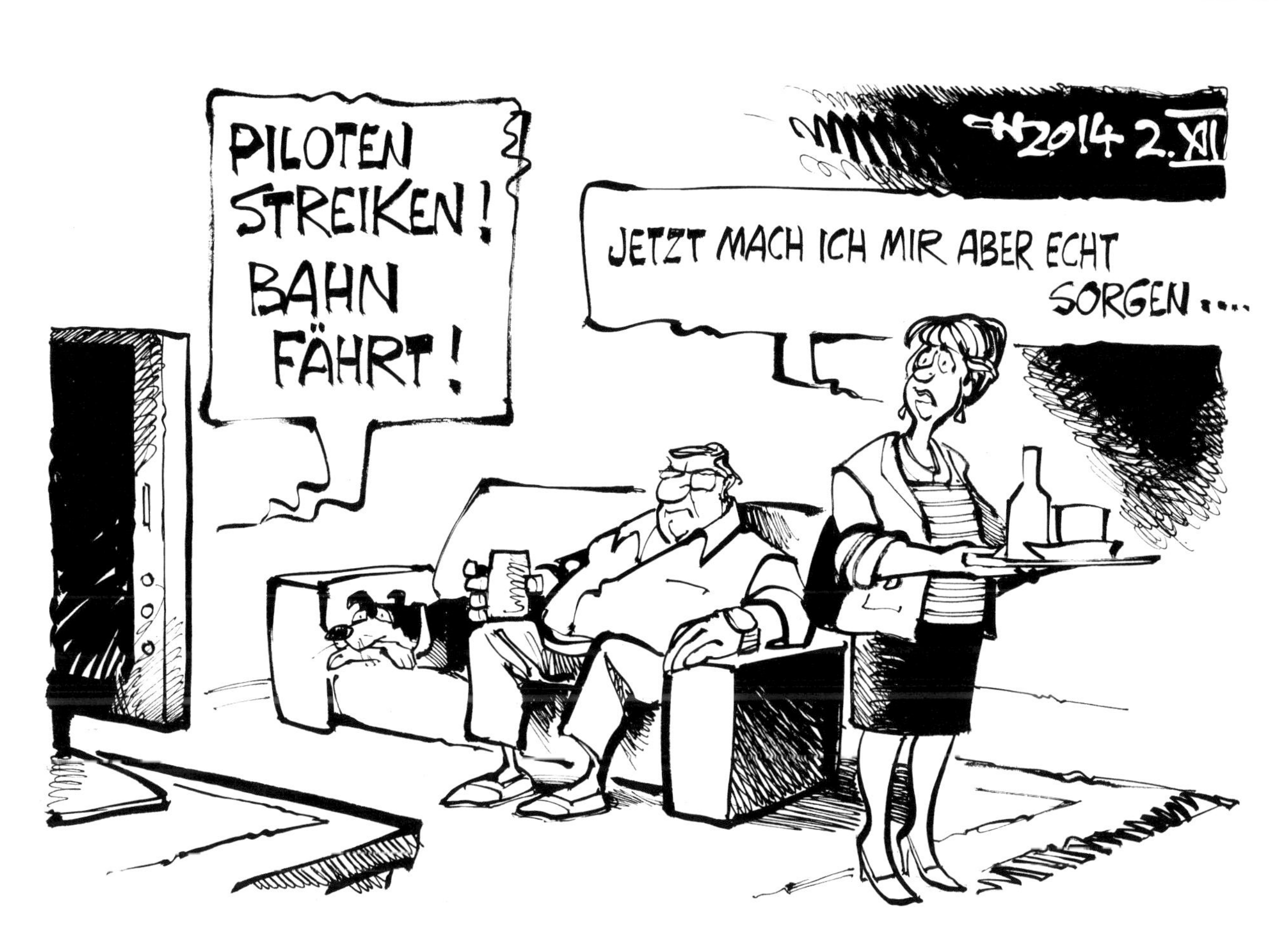

»... um den Weselsky!«

Dezember 2014: Die Gewerkschaft der Lokführer streikt ausnahmsweise nicht.

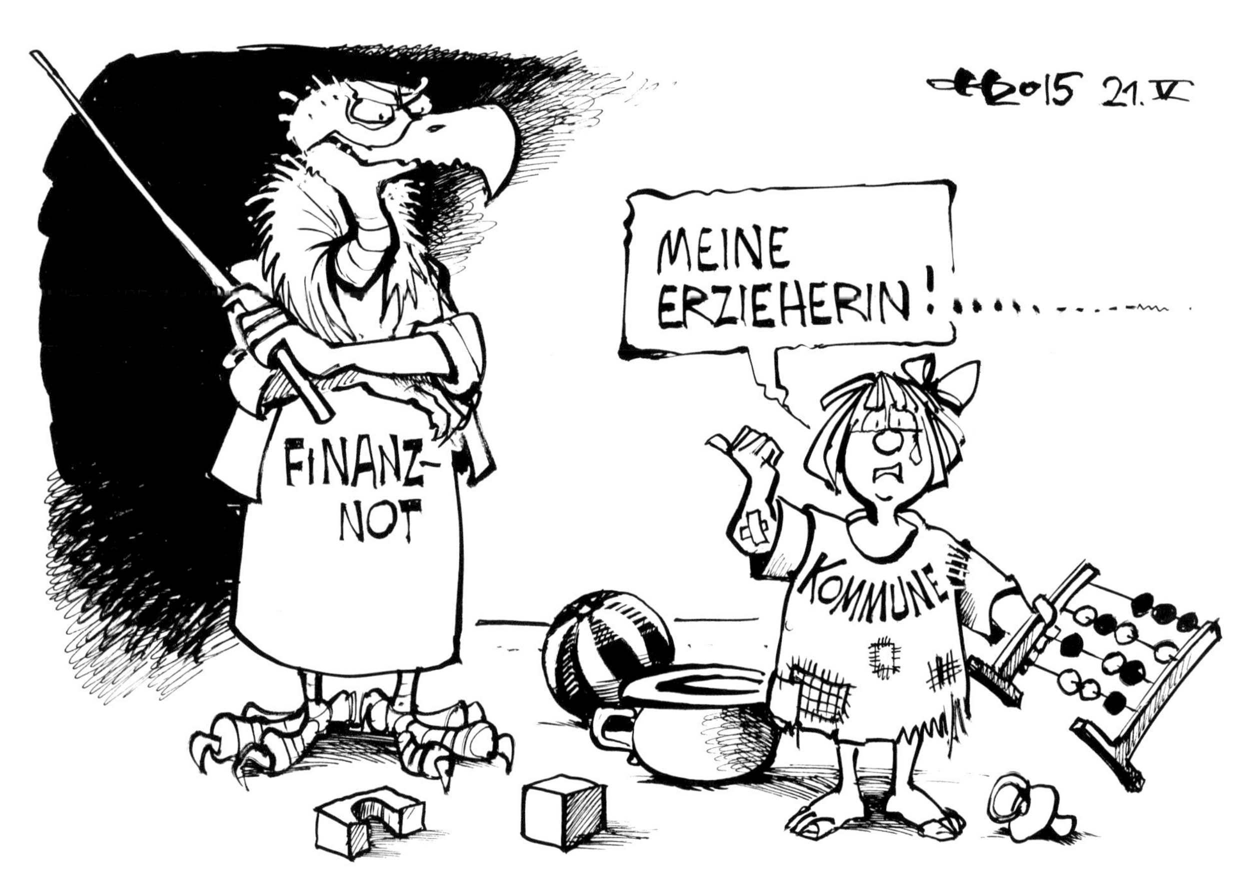

»... streikt leider nie!«

Mai 2015: Ein wochenlanger Streik der Erzieherinnen und Betreuer stellt viele Eltern vor unlösbare Probleme.

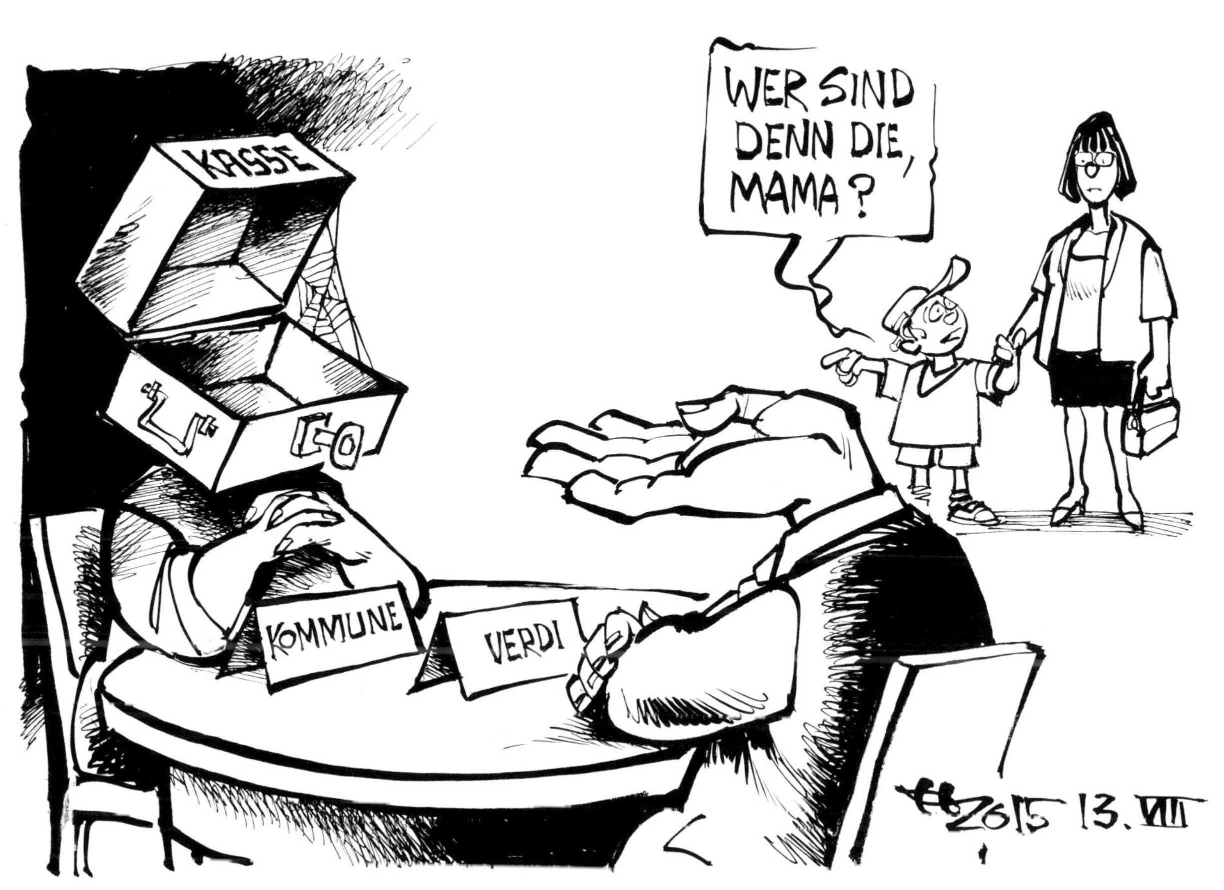

August 2015: Die Gewerkschaft Verdi und die Kommunen verhandeln wieder.

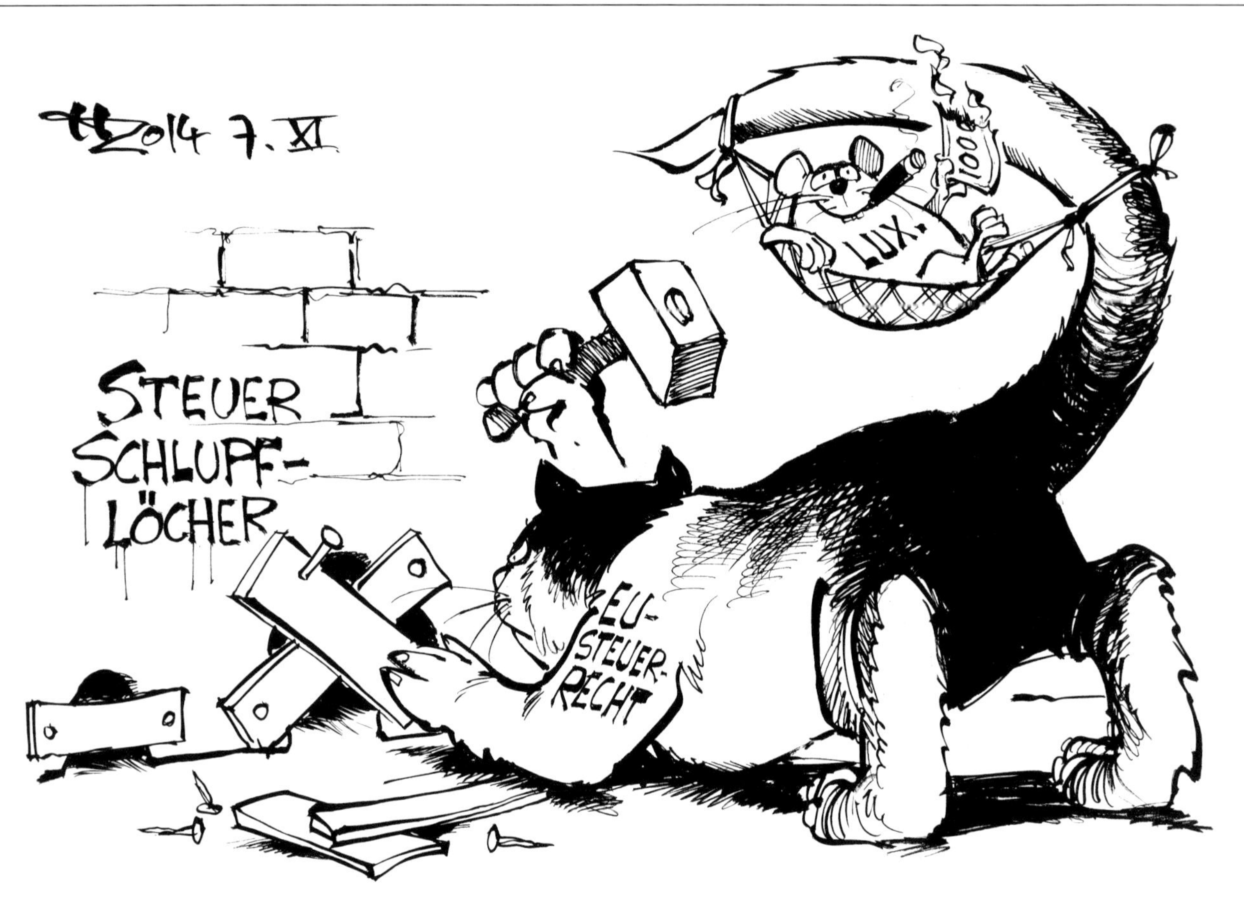

Tom und Jerry

November 2014: Es wird bekannt, dass die luxemburgischen Steuerschlupflöcher mit Wissen und Förderung der damaligen Regierung unter Ministerpräsident Jean-Claude Juncker genutzt wurden.

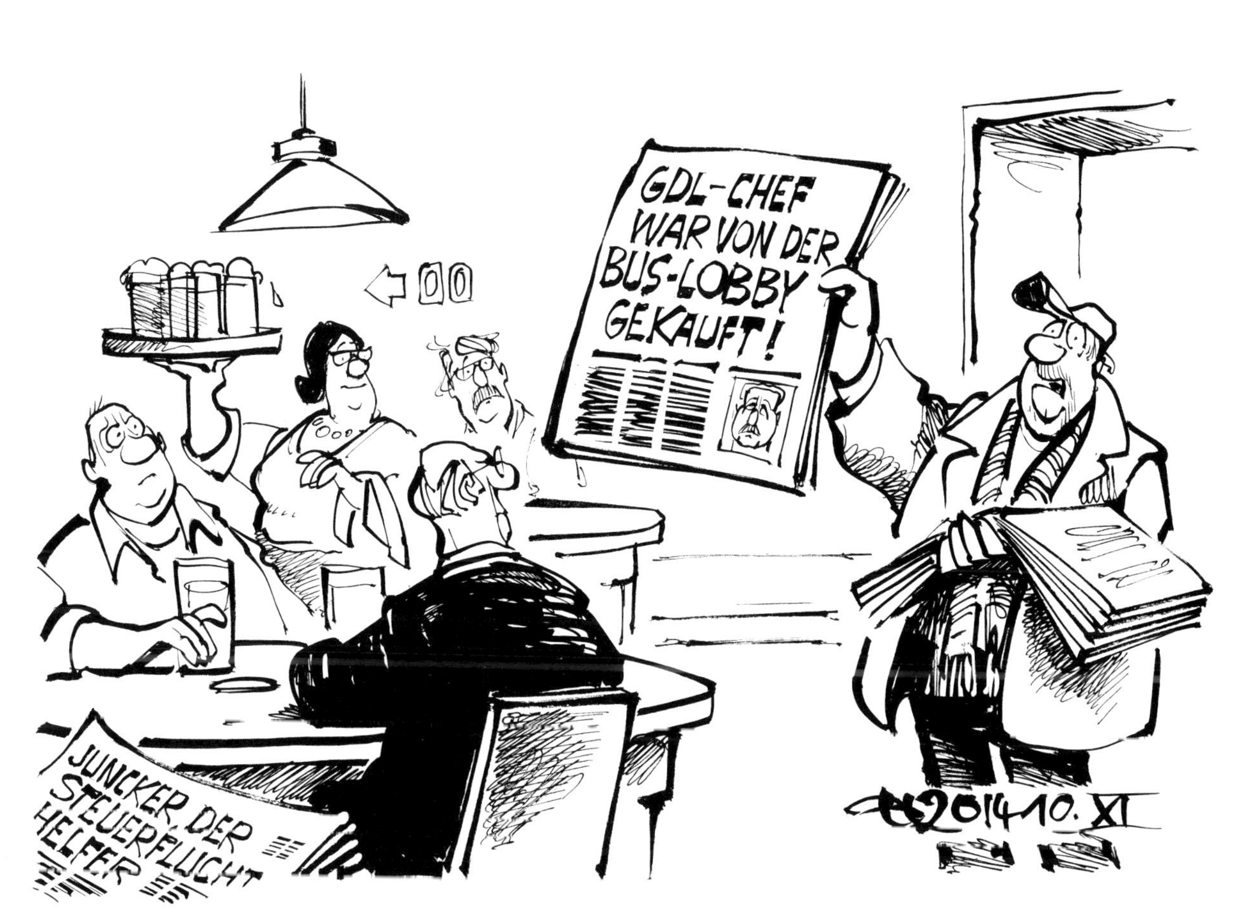

»... Und wieder ein Skandal aufgedeckt!«

November 2014: Mit steigendem Unmut leiden die Verkehrsteilnehmer unter dem Dauerstreik der GDL.

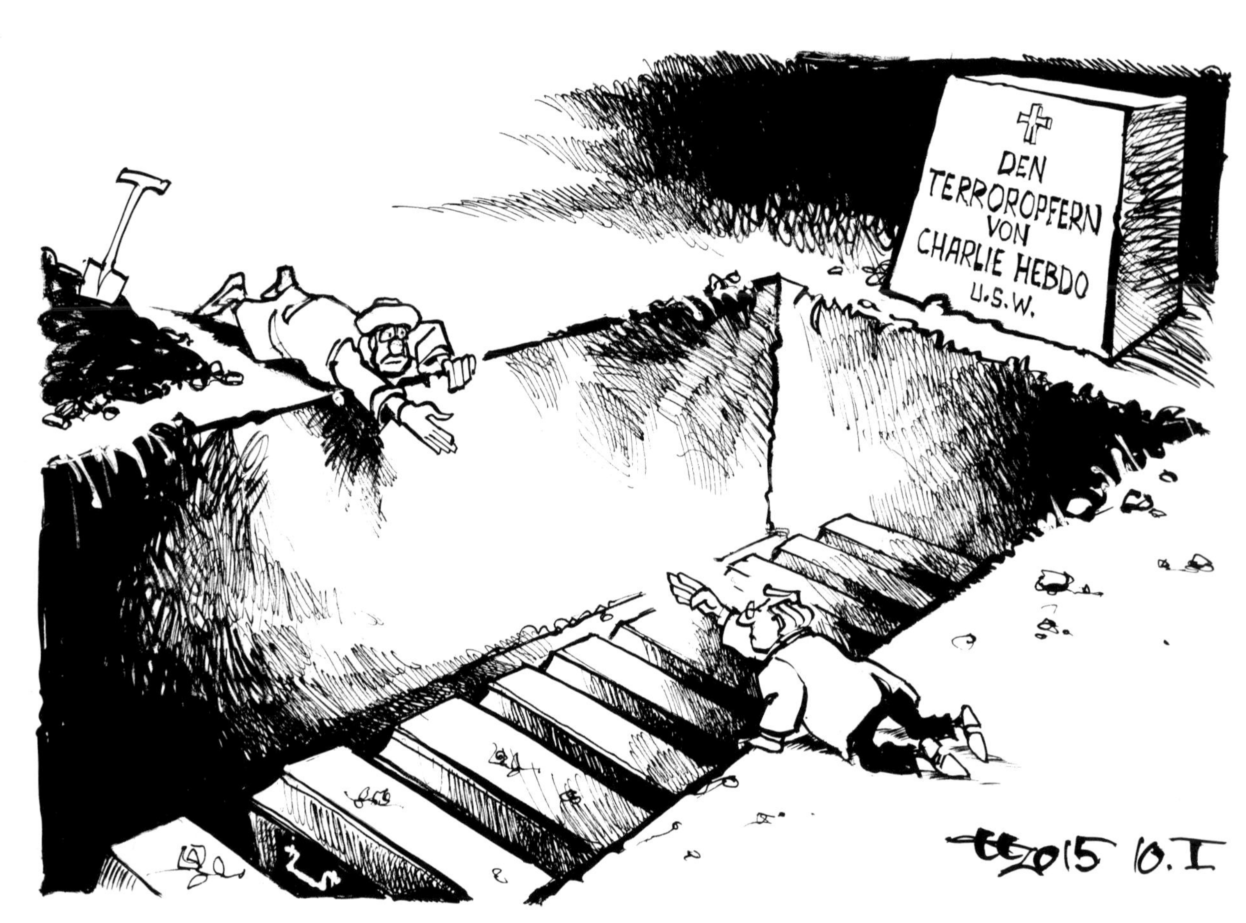

Der Graben

Januar 2015: Moslems und Nichtmoslems bemühen sich die Kluft zu überwinden, die der Terrorakt an den Karikaturisten von »Charlie Hebdo« aufgerissen hat.

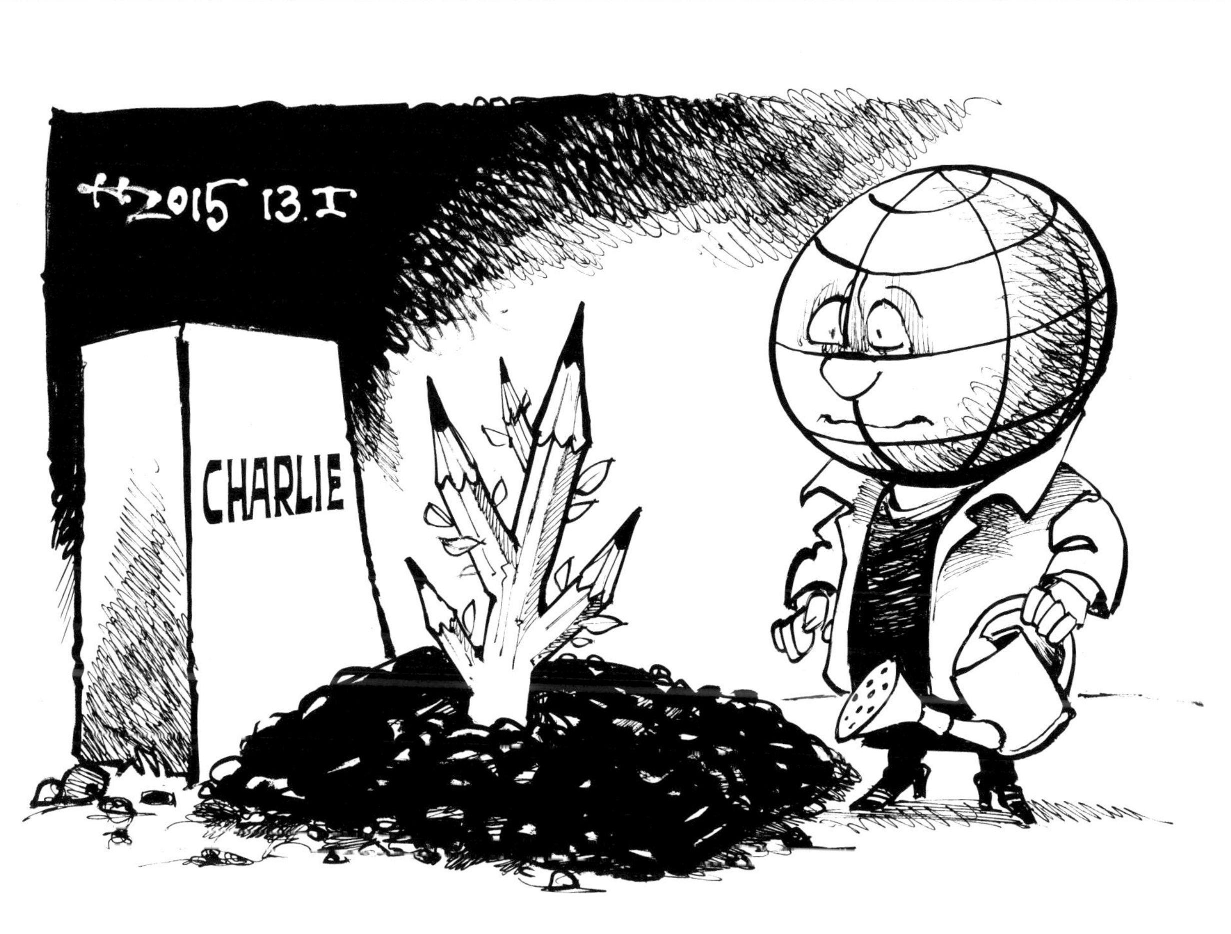

Paris, Januar 2015

Januar 2015: Unter weltweiter Beteiligung findet in Paris eine Gedenkfeier für die ermordeten Terroropfer von »Charlie Hebdo« statt.

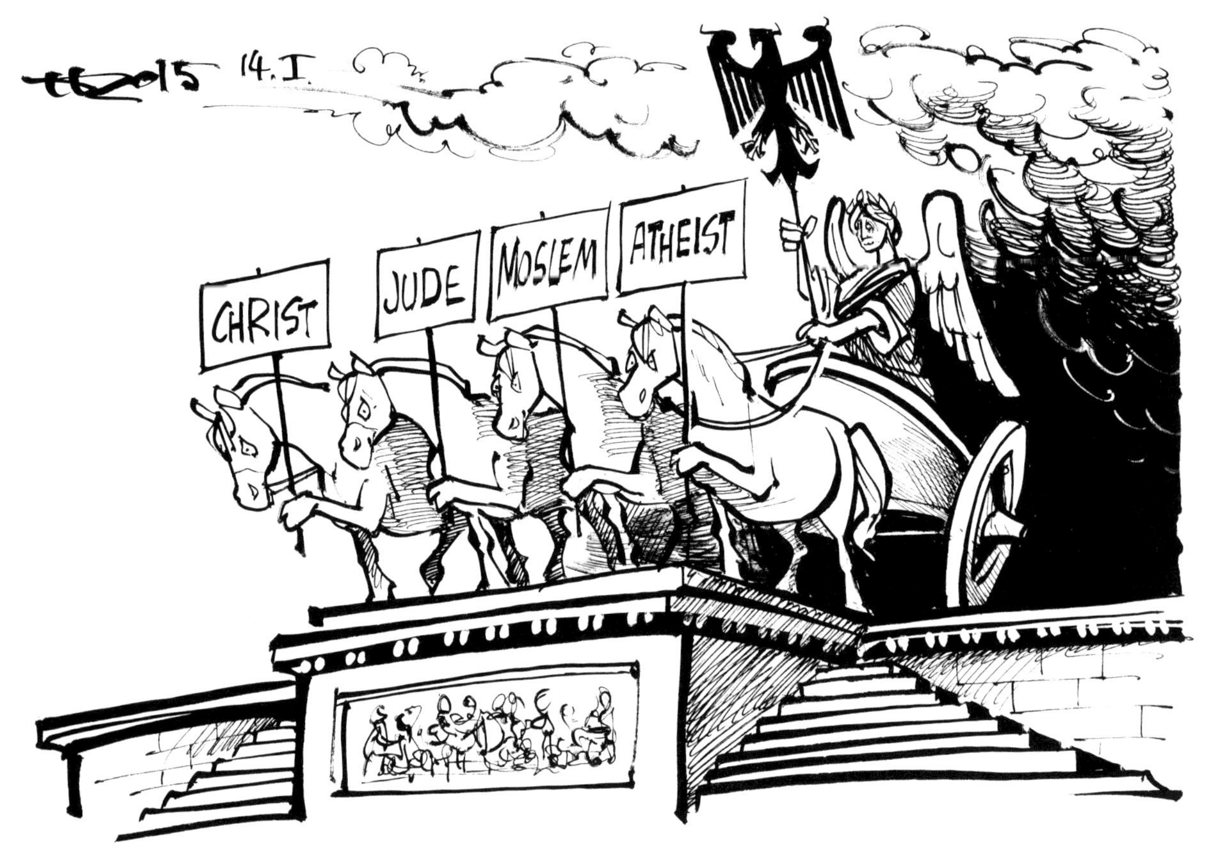

»Je suis ...«

Januar 2015: Auch in Berlin findet eine eindrucksvolle Solidaritätskundgebung für die Terroropfer von »Charlie Hebdo« statt.

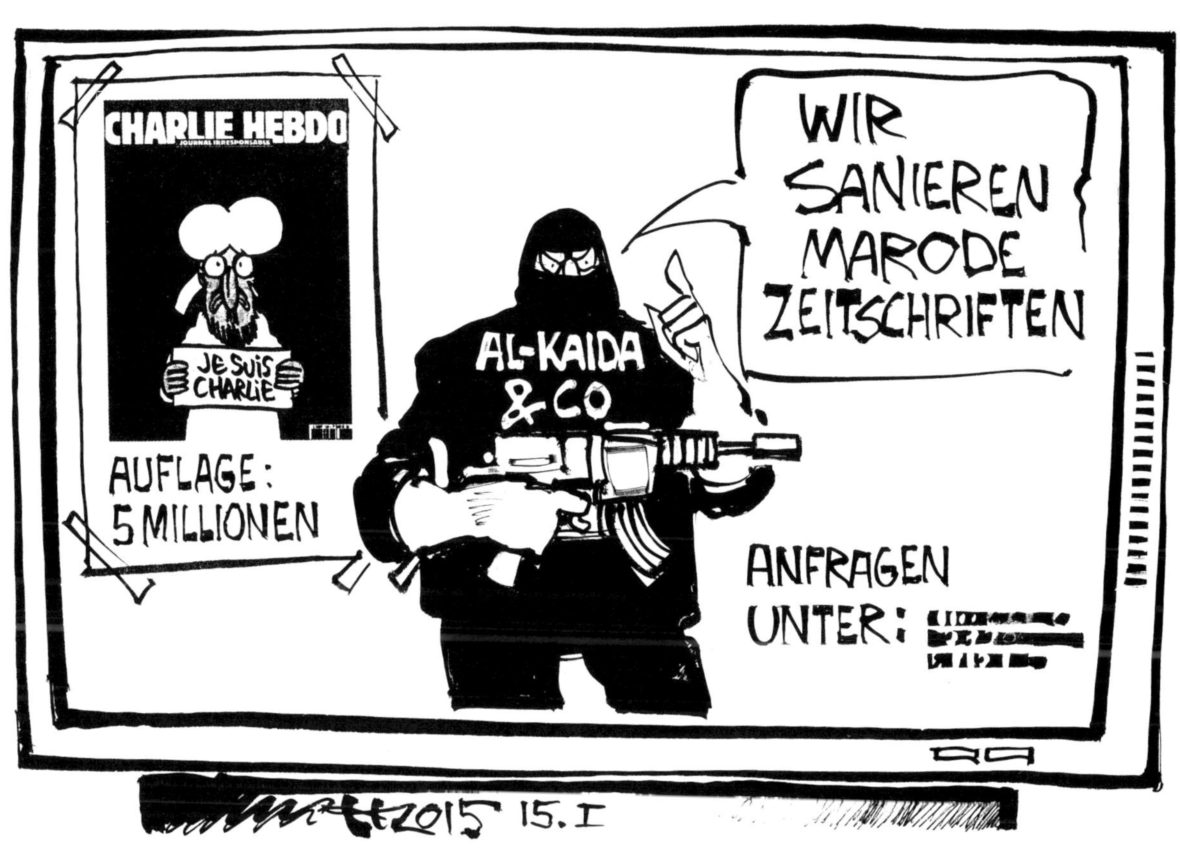

Zu befürchtende Geschäftsidee

Januar 2015: Die normalerweise 60 000 Exemplare hohe Auflage der Satirezeitschrift »Charlie Hebdo« steigt nach dem islamistischen Terroranschlag auf über 5 Millionen.

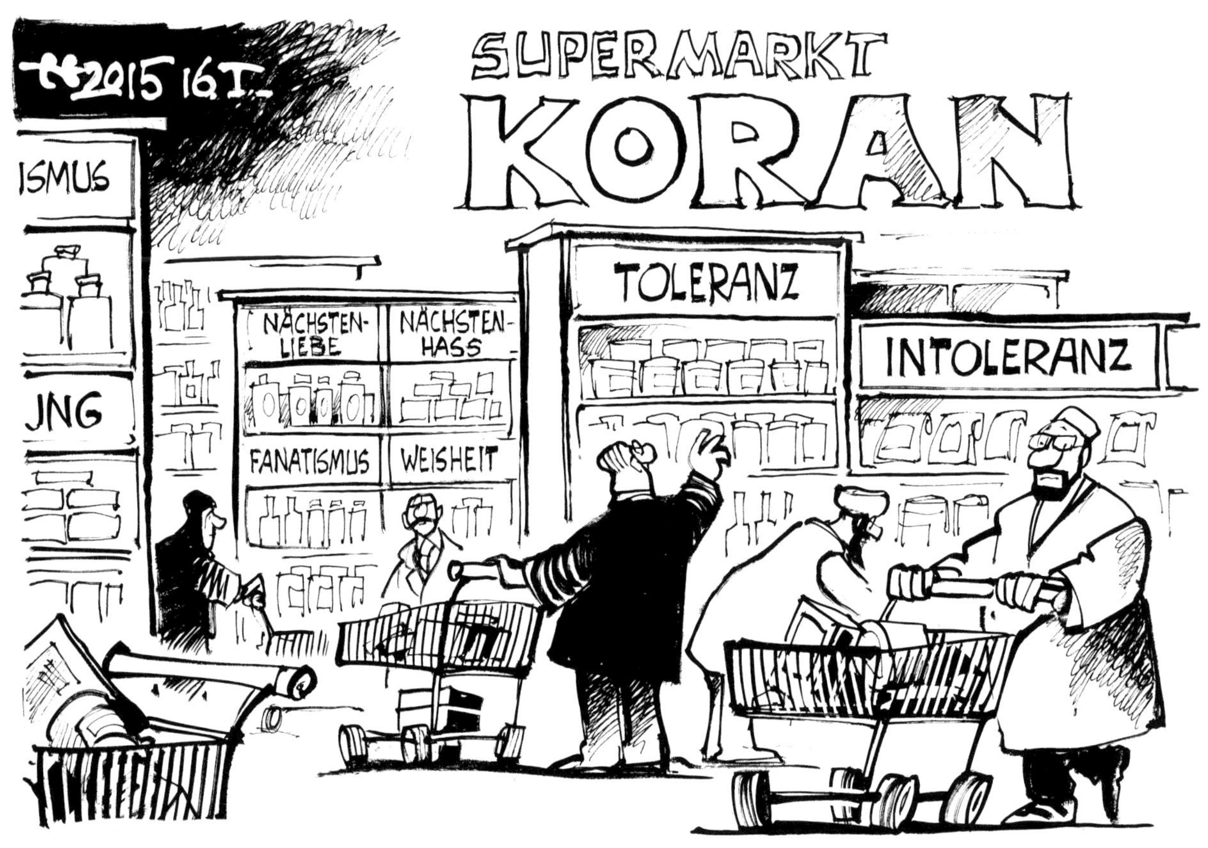

Willkommen im Selbstbedienungsladen

Januar 2015: Nach dem islamistischen Terroranschlag bei »Charlie Hebdo« wird in Deutschland heftig über Aggressivität oder Friedfertigkeit des Islams diskutiert.

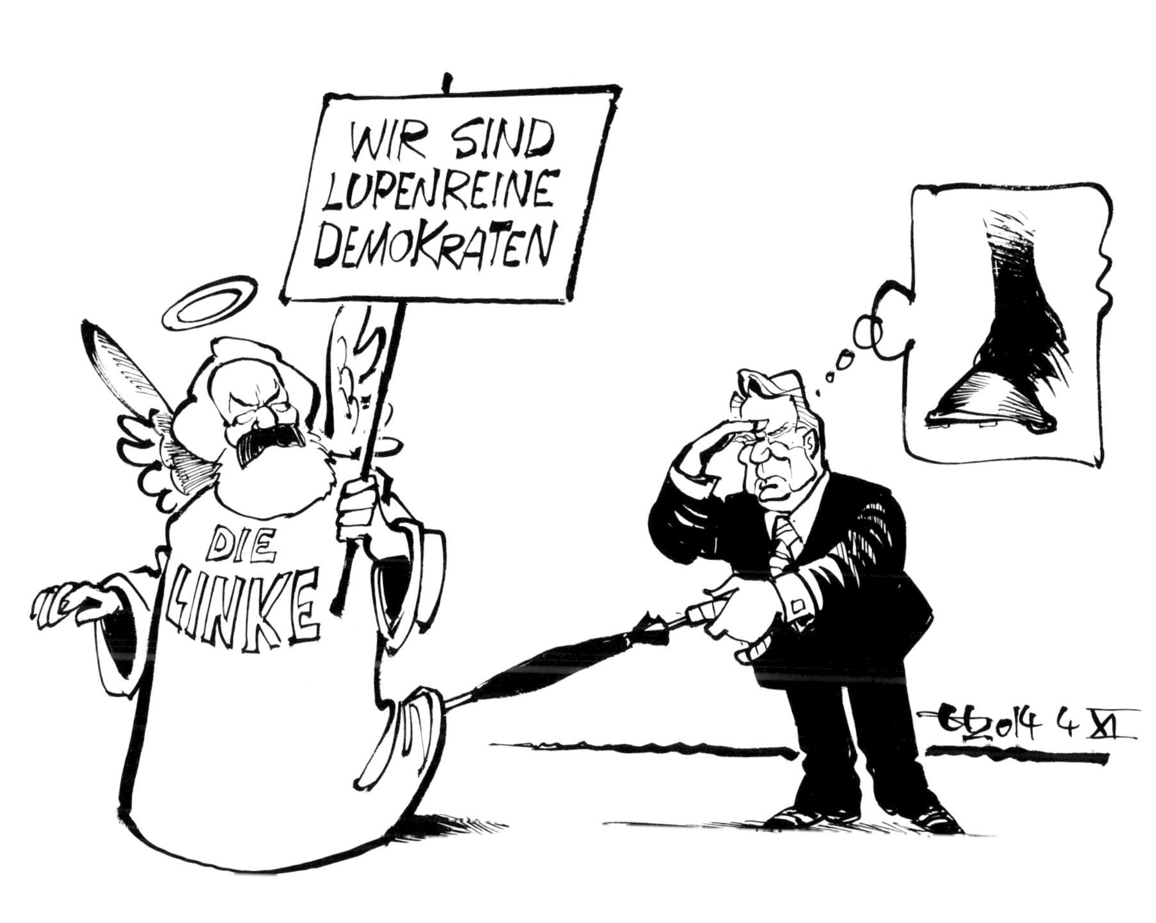

Der ungläubige Joachim

November 2014: Bundespräsident Gauck bezweifelt öffentlich den Wandel zu einer demokratischen Gesinnung in der Linkspartei.

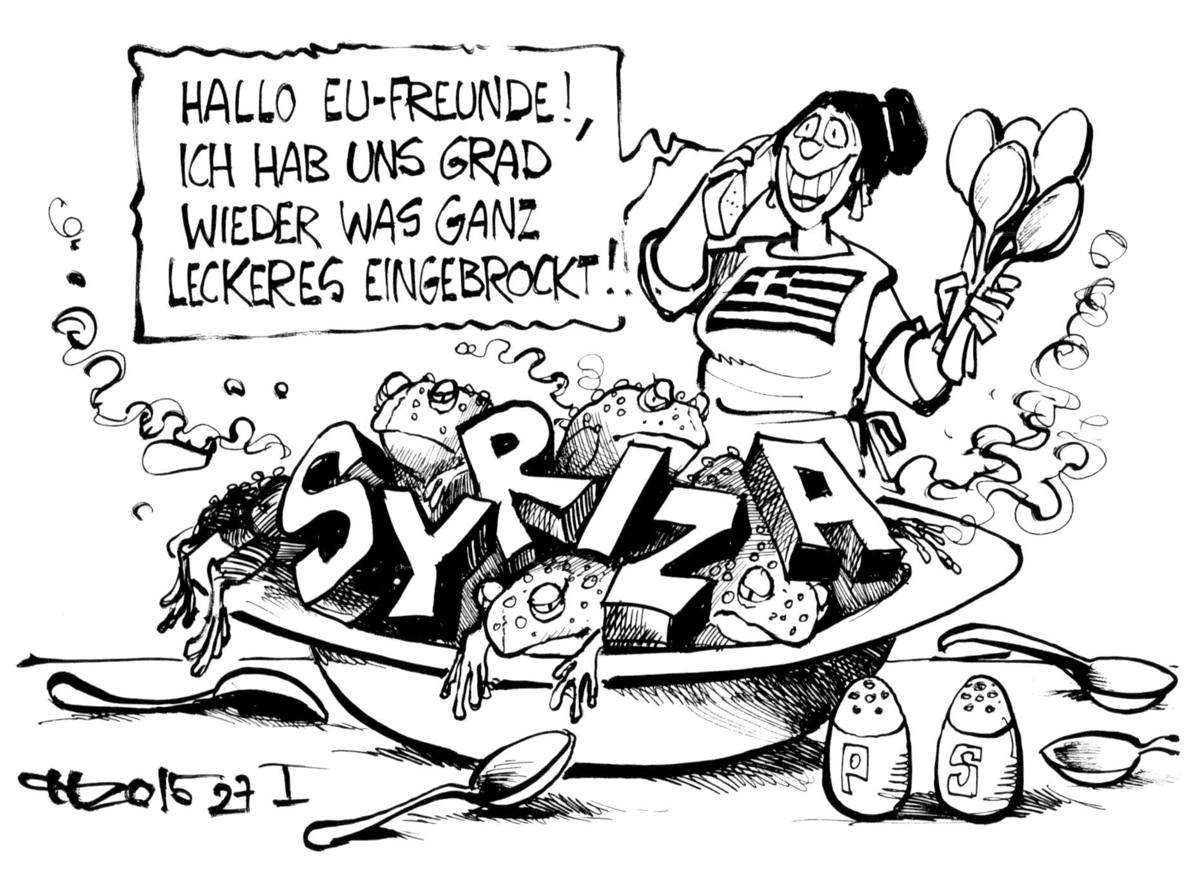

»... Bitte alle zum Auslöffeln kommen!«

Januar 2015: In Griechenland gewinnt die linke Syriza-Partei mit völlig abwegigen Versprechungen die Wahlen.

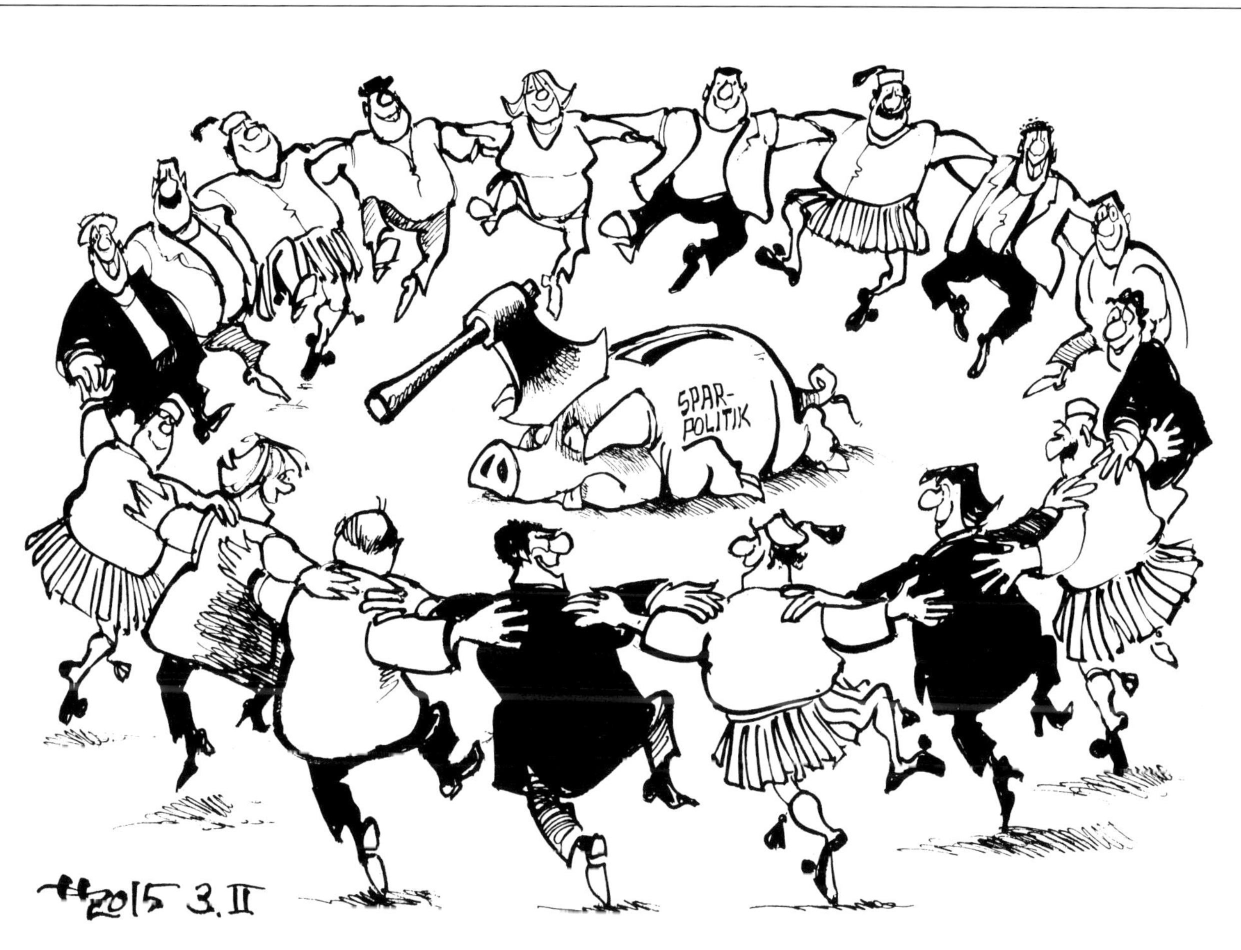

Sirtaki

Februar 2015: Nach der gewonnenen Wahl feiert die Syriza Partei das Ende der verhassten Sparpolitik.

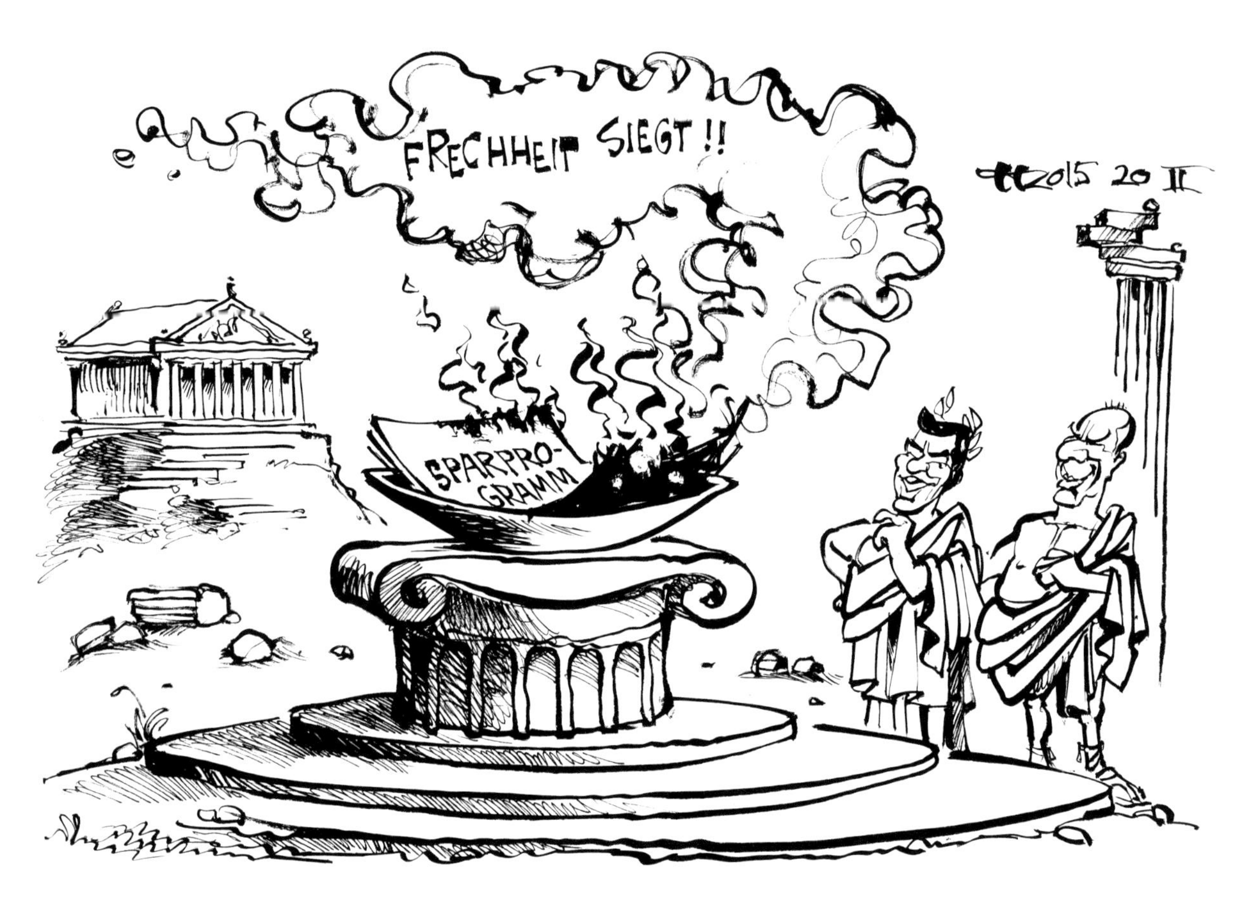

Das Orakel von Athen

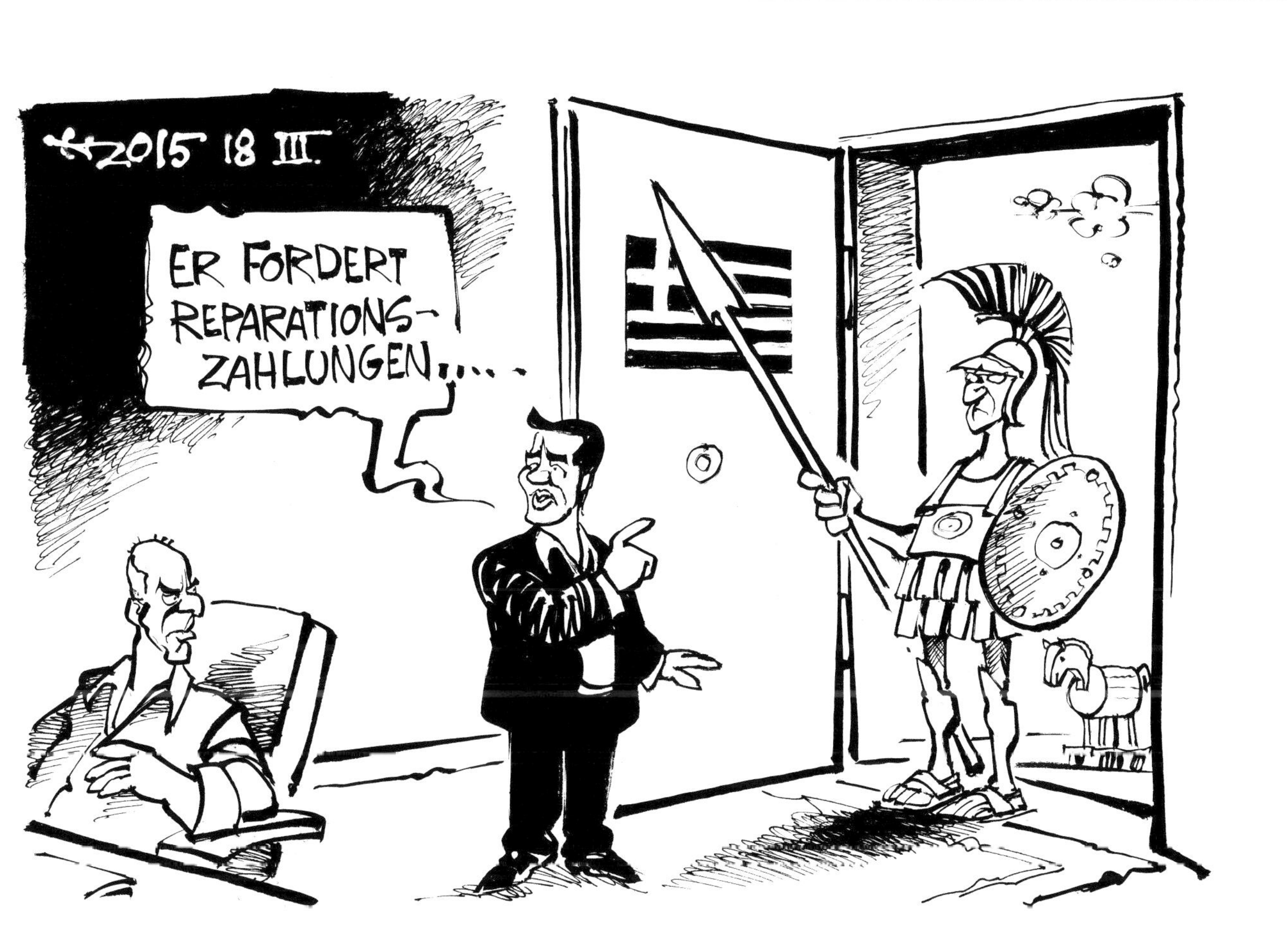

»... für unsere Betrügerei im Trojanischen Krieg!«

März 2015: Die griechische Regierung droht Deutschland mit Reperationsforderungen, die sich aus der deutschen Besetzung Griechenlands im zweiten Weltkrieg ergäben.

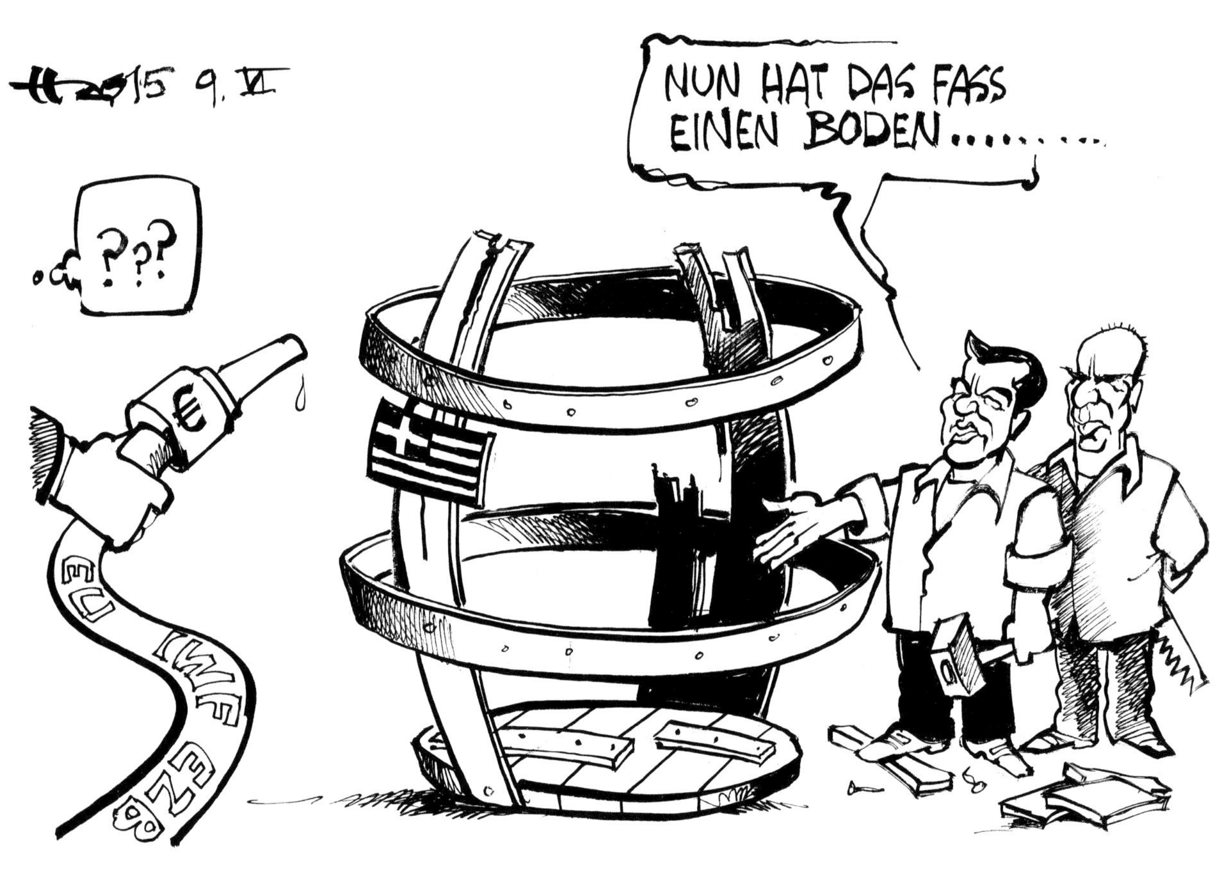

»Was gibt's denn jetzt wieder zu meckern?!«

Juni 2015: Mit kaum nennenswerten Reformzugeständnissen nervt die griechische Regierung die europäischen und internationalen Geldgeber.

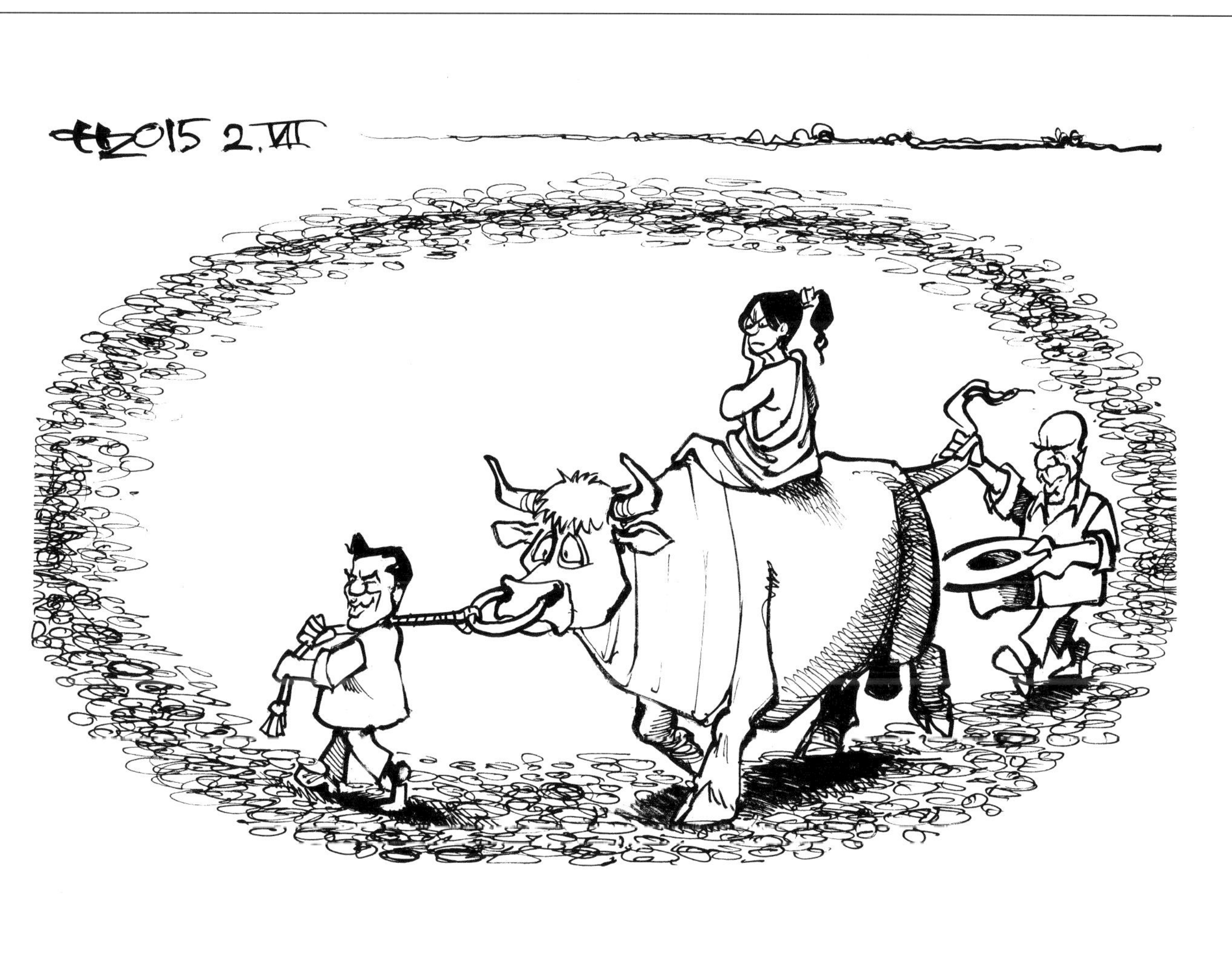

Die unendliche Geschichte

Juli 2015: In unendlichen Verhandlungsrunden zwischen der EU und Griechenland zeigen Ministerpräsident Alexis Tsipras und Finanzminister Yanis Varoufakis keinerlei Reformbereitschaft.

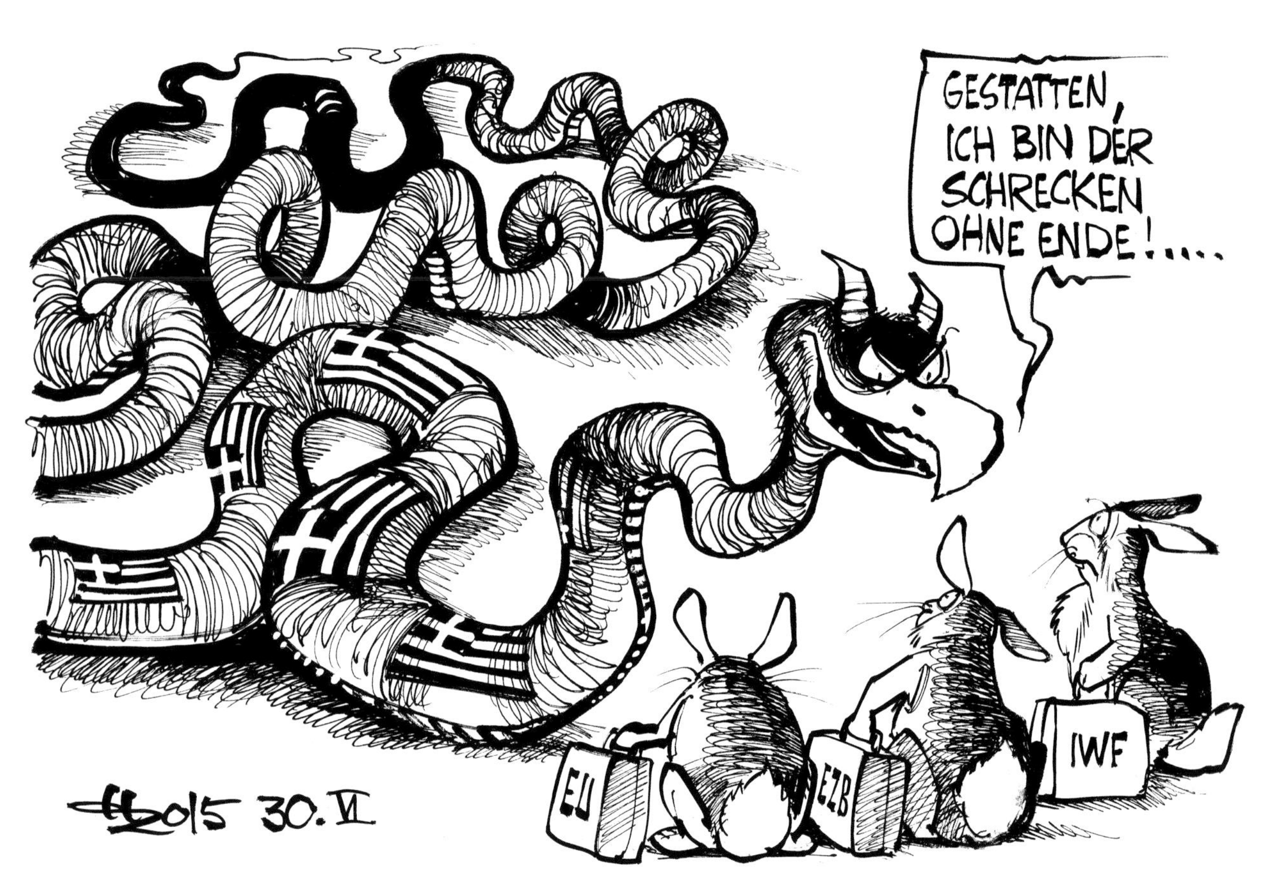

»... Das Ende mit Schrecken hat sich längst aus dem Staub gemacht!«

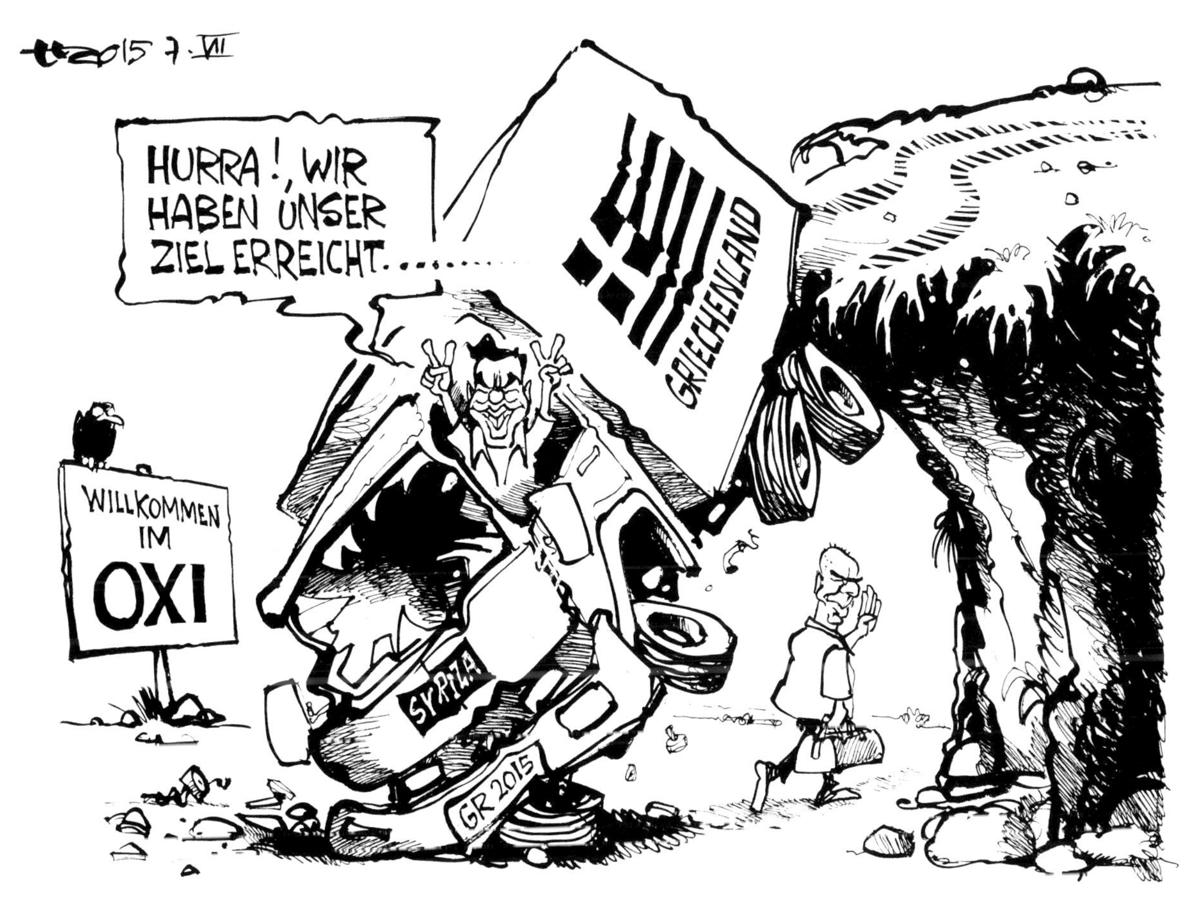

»... ich bin nun bereit, die Abschleppdienste zu empfangen!«

Juli 2015: Wie von Ministerpräsident Tsipras empfohlen, stimmen die Griechen in einem Referendum gegen die Reformforderungen der EU.

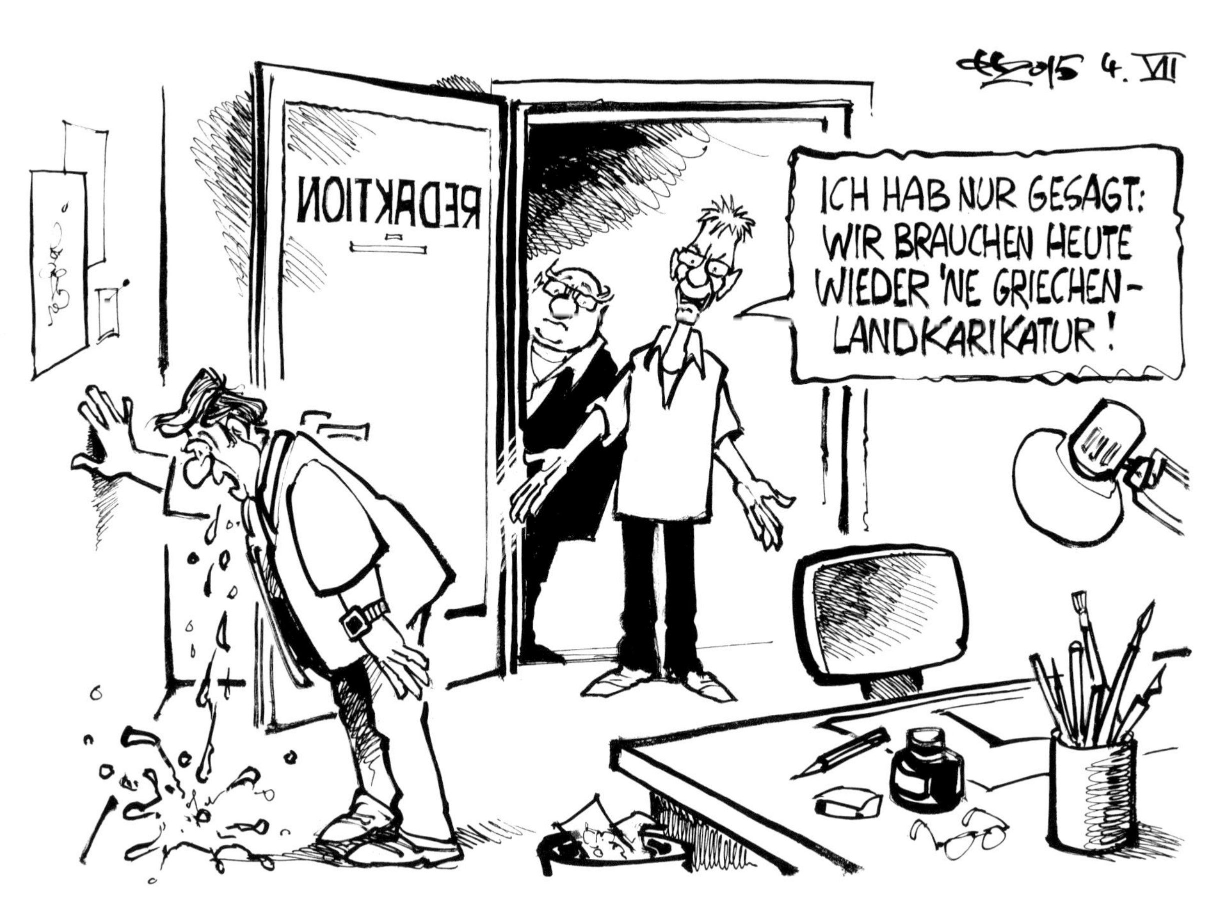

Juli 2015: Über Monate dominierte das Griechenlandthema das tägliche politische Geschehen.

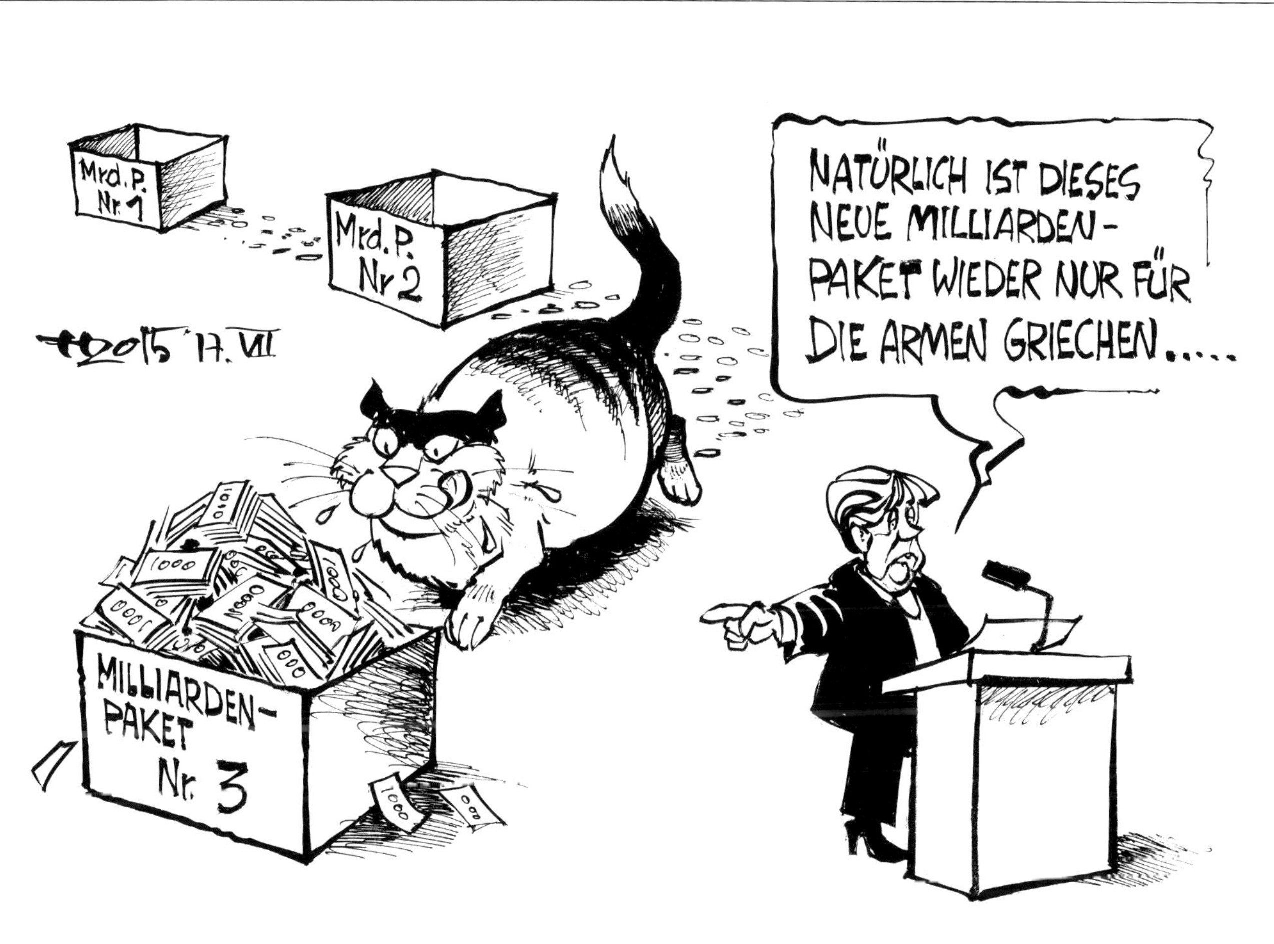

»... für wen denn sonst?!?«

Juli 2015: Der Bundestag bewilligt, gegen den Widerstand auch aus den Reihen der Regierungsparteien, ein drittes Hilfspaket für Griechenland.

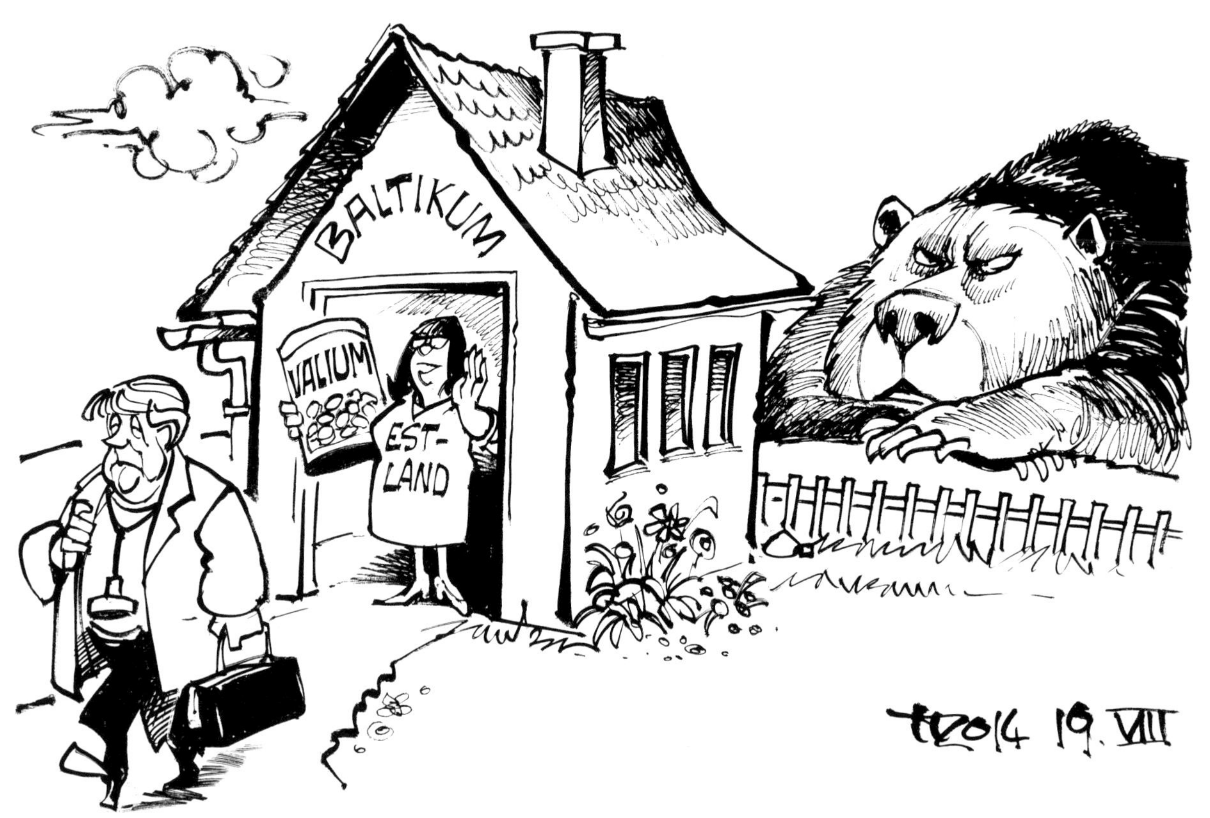

»Dankeschön Frau Doktor!«

August 2014: Bei ihrem Besuch in Estland versucht die Kanzlerin, ohne konkrete Versprechen, beruhigend auf die Ängste vor einer russischen Bedrohung einzuwirken.

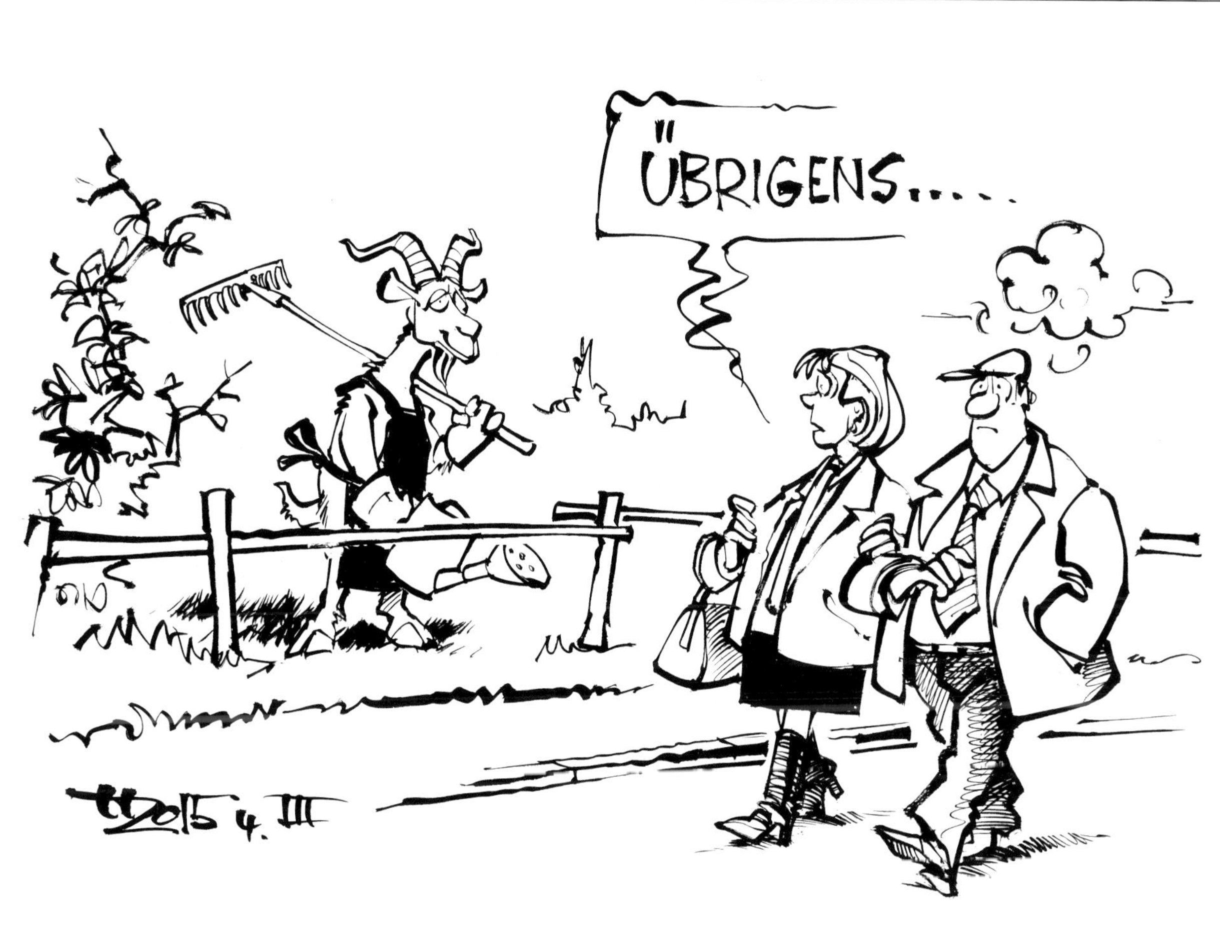

»... der Putin will die Aufklärung im Fall Nemzow zur Chefsache machen!«

März 2015: Nach dem mysteriösen Mord an dem russischen Regimekritiker Boris Nemzow erklärt Präsident Putin die Aufklärung des Falles zur Chefsache zu machen.

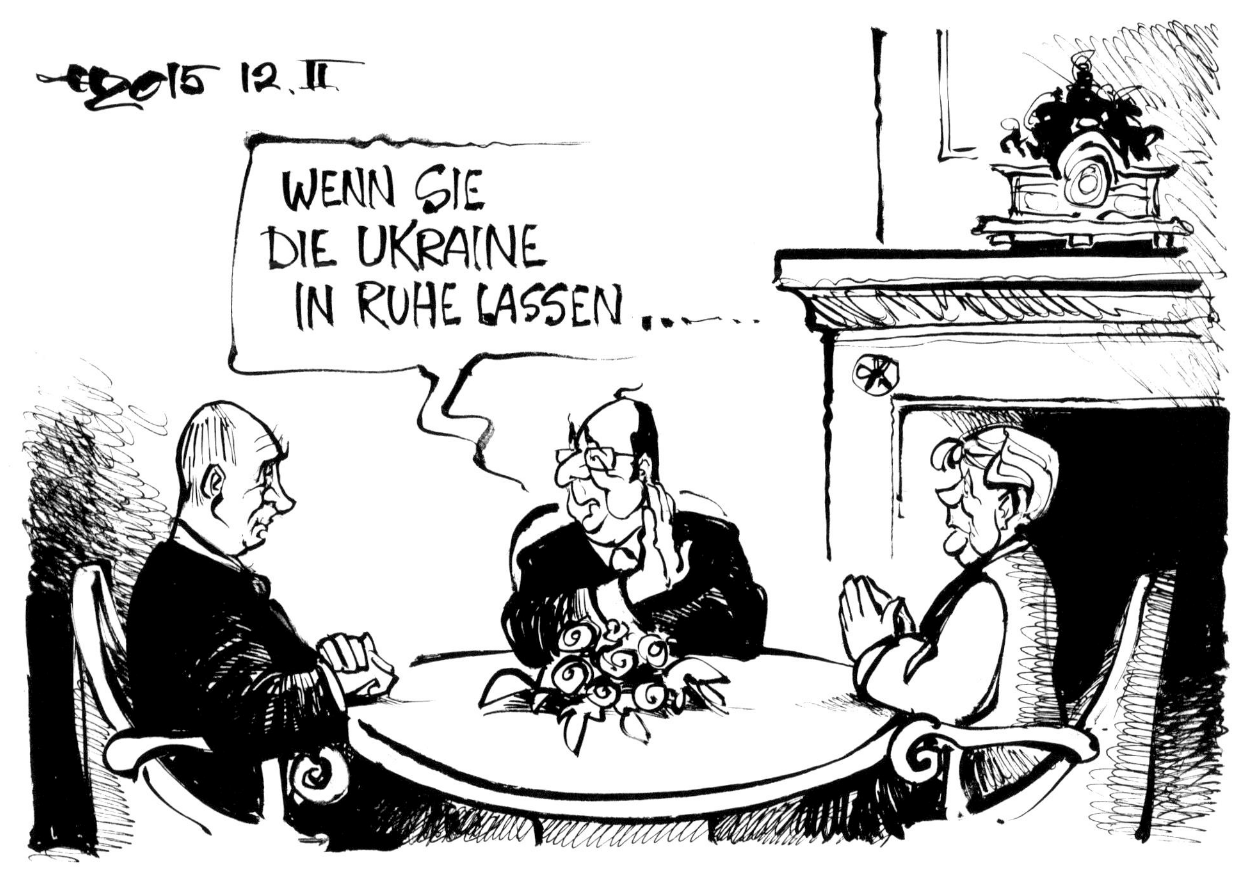

»... würden wir Ihnen Griechenland schenken!«

Februar 2015: In nächtelangen Verhandlungen wird in Minsk zwischen Präsident Putin, Präsident Hollande und Kanzlerin Merkel ein fragiles Waffenstillstandsabkommen für die Ukraine ausgehandelt.

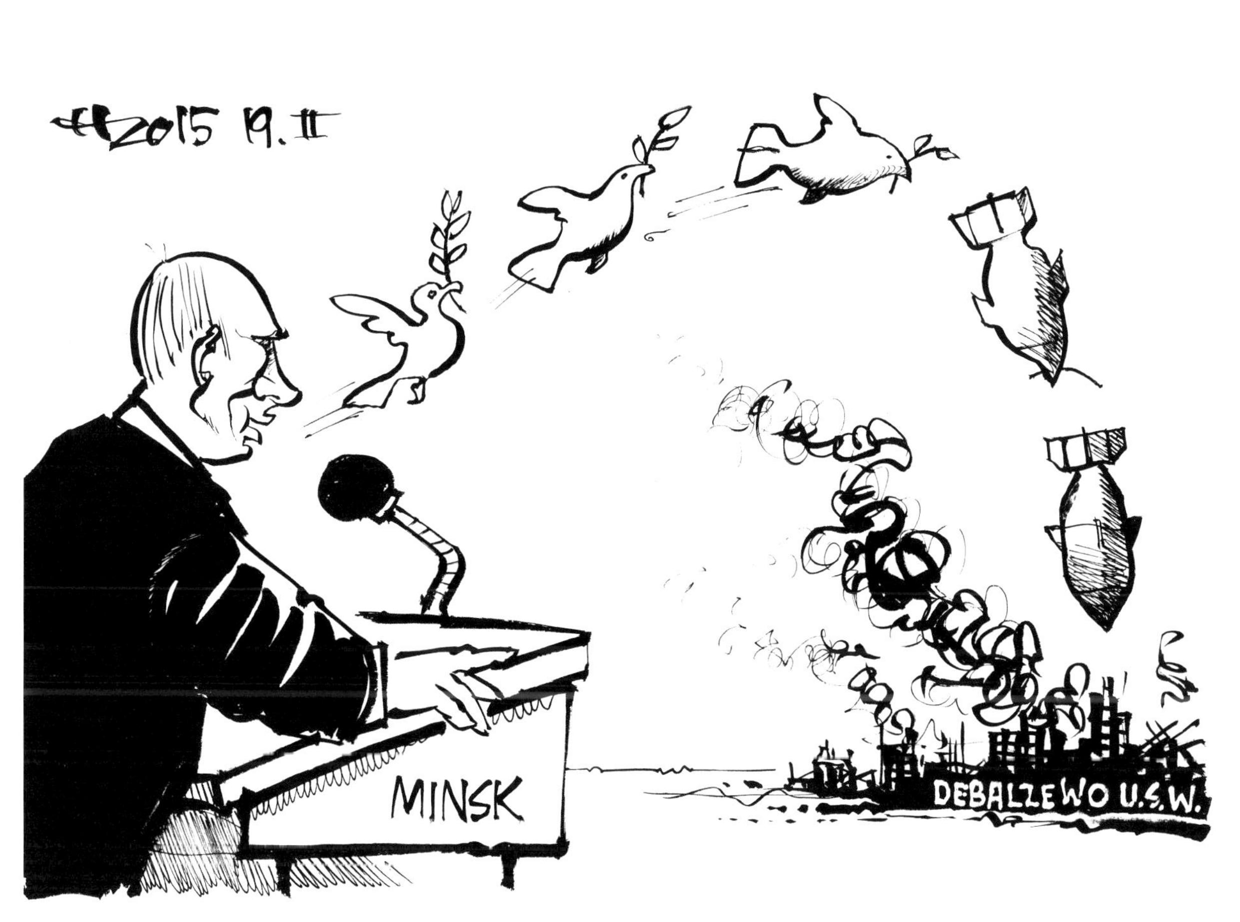

Ein Mann, ein Wort!

Februar 2015: Bereits wenige Tage nach dem Minsker Abkommen brechen von Russland unterstützte ukrainische Separatisten das Minsker Abkommen.

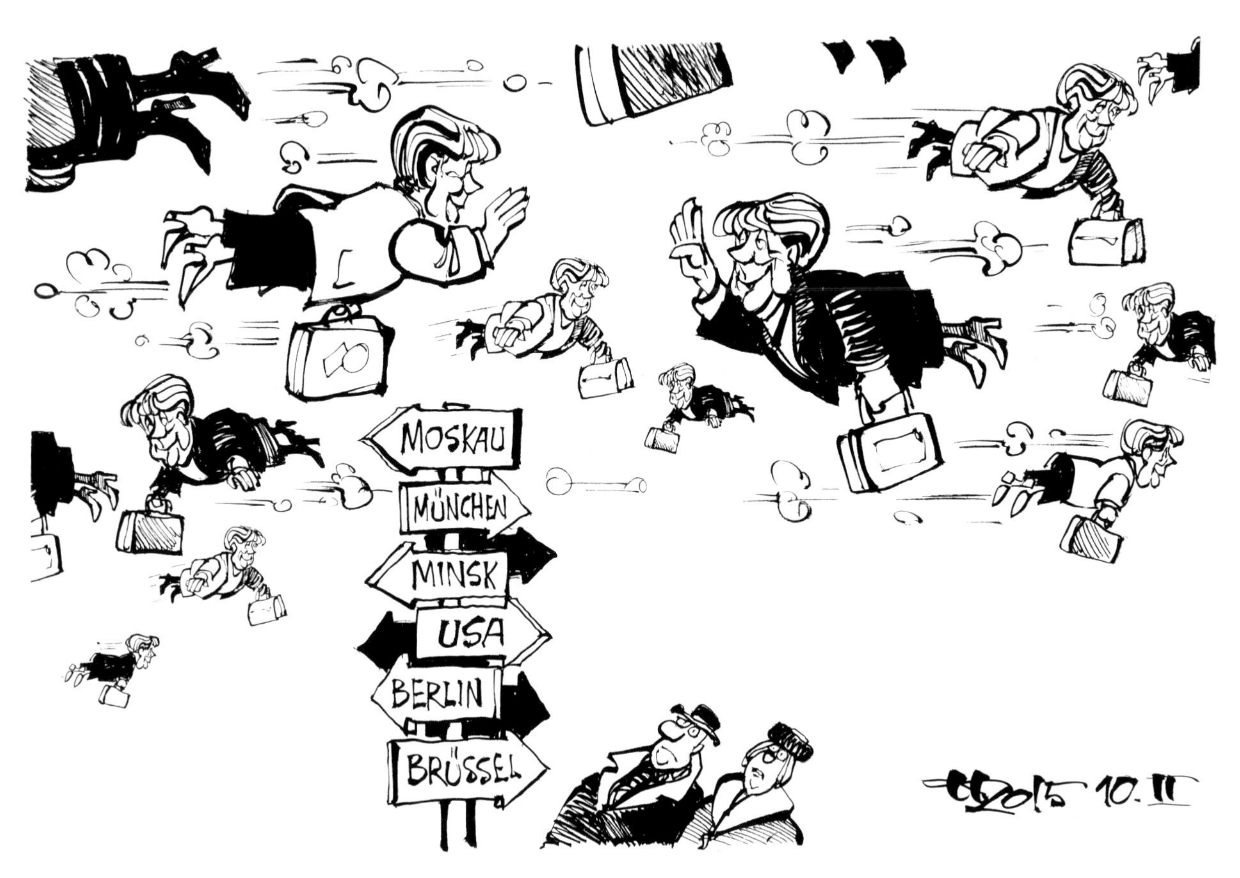

»... Die ist mehrfach geklont oder gedoubelt!«

Februar 2015: Bundeskanzlerin Merkel absolviert ein geradezu unbegreifliches Pensum an Terminen im In- und Ausland.

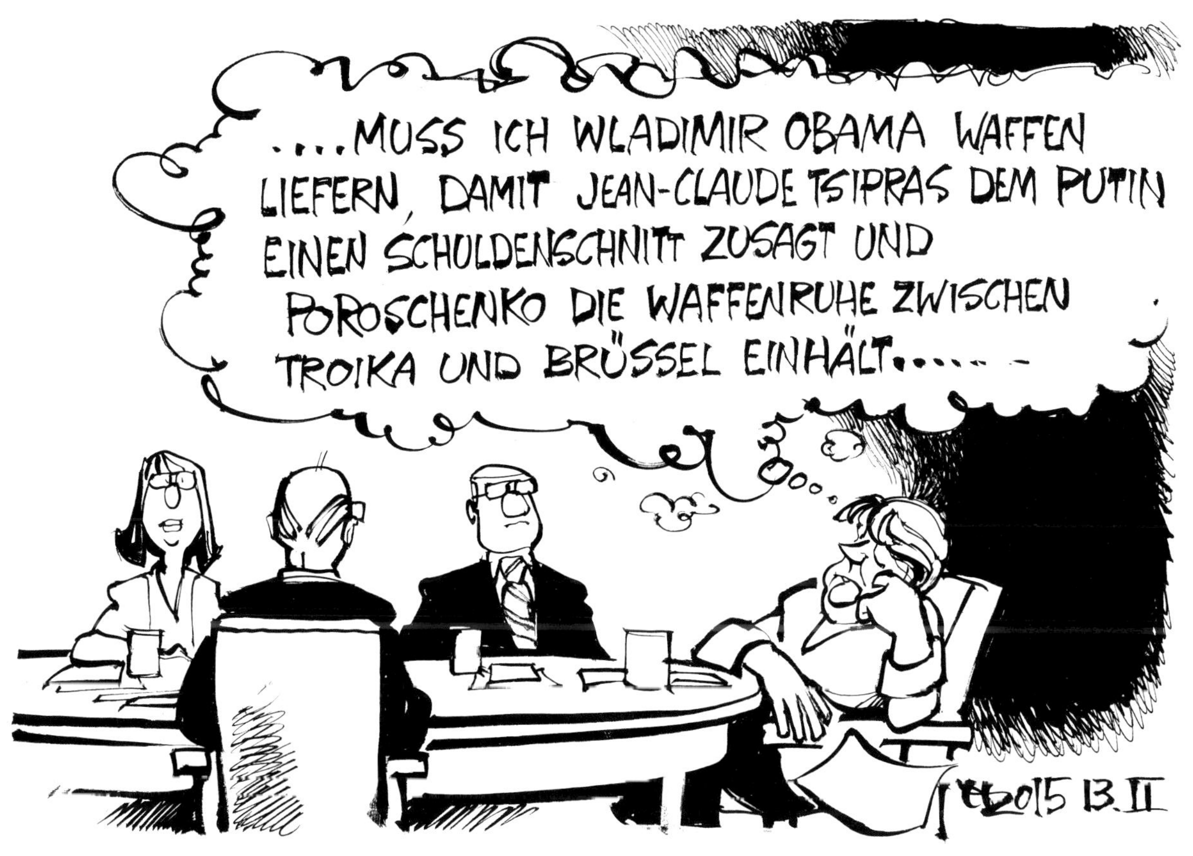

Kanzlerins Traum im Sekundennickerchen

Februar 2015: EU-Konferenz in Brüssel zwischen Auslandsterminen und schlaflosen Nächten.

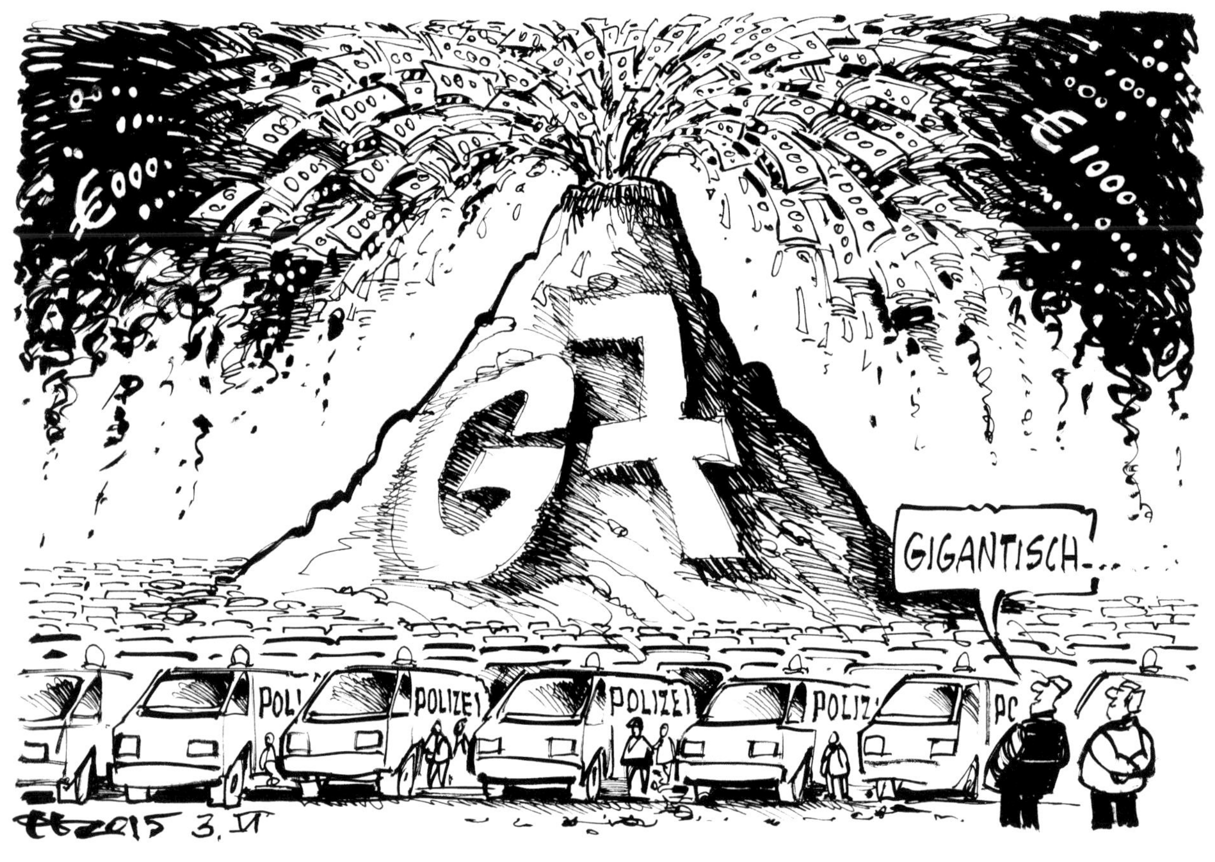

»... der Gipfel ist wieder aktiv!«

Juni 2015: Der G7-Gipfel auf Schloss Elmau findet statt mit einem gigantischen Kosten- und Polizeiaufwand.

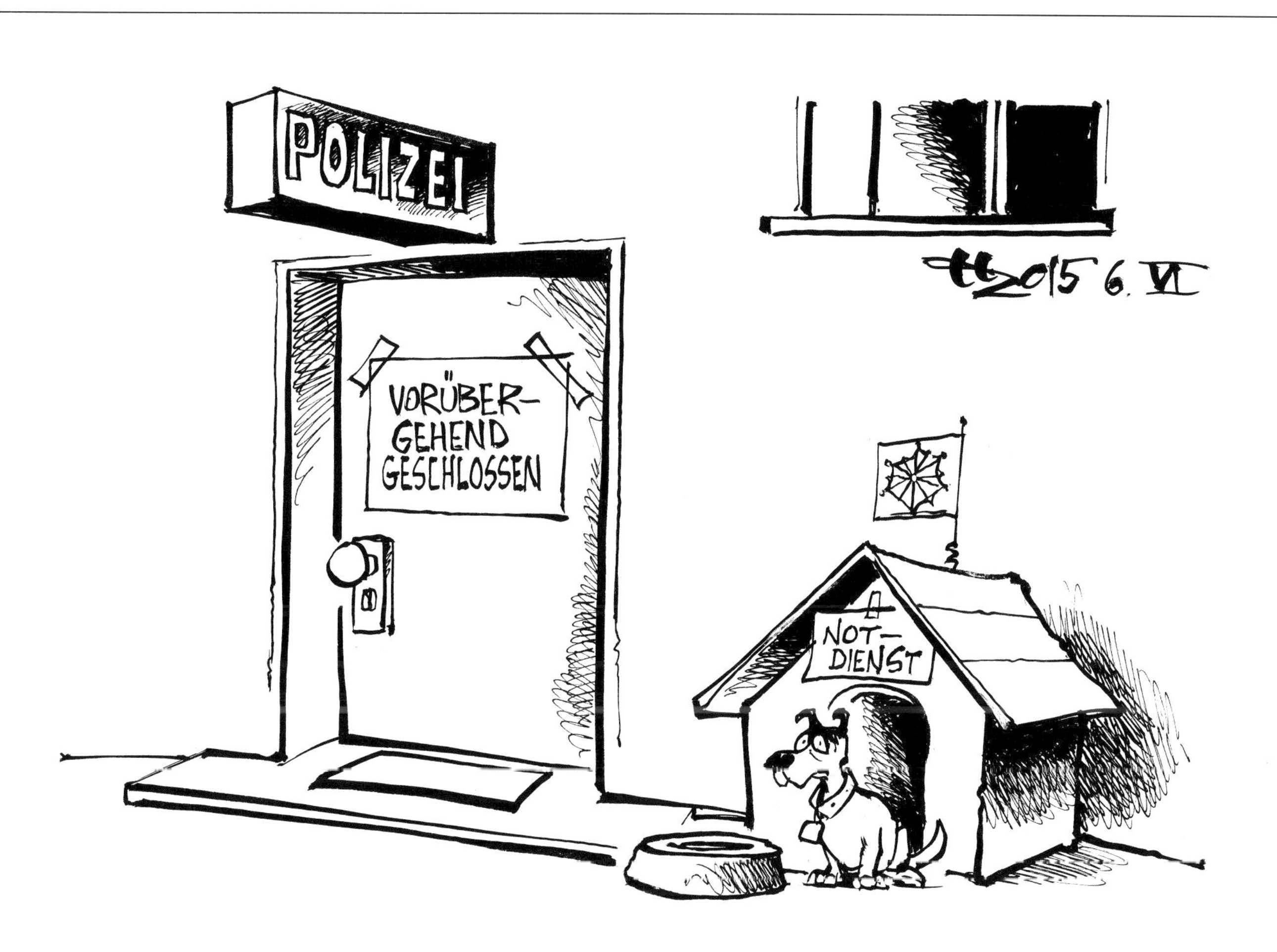

Elmau macht's nötig!

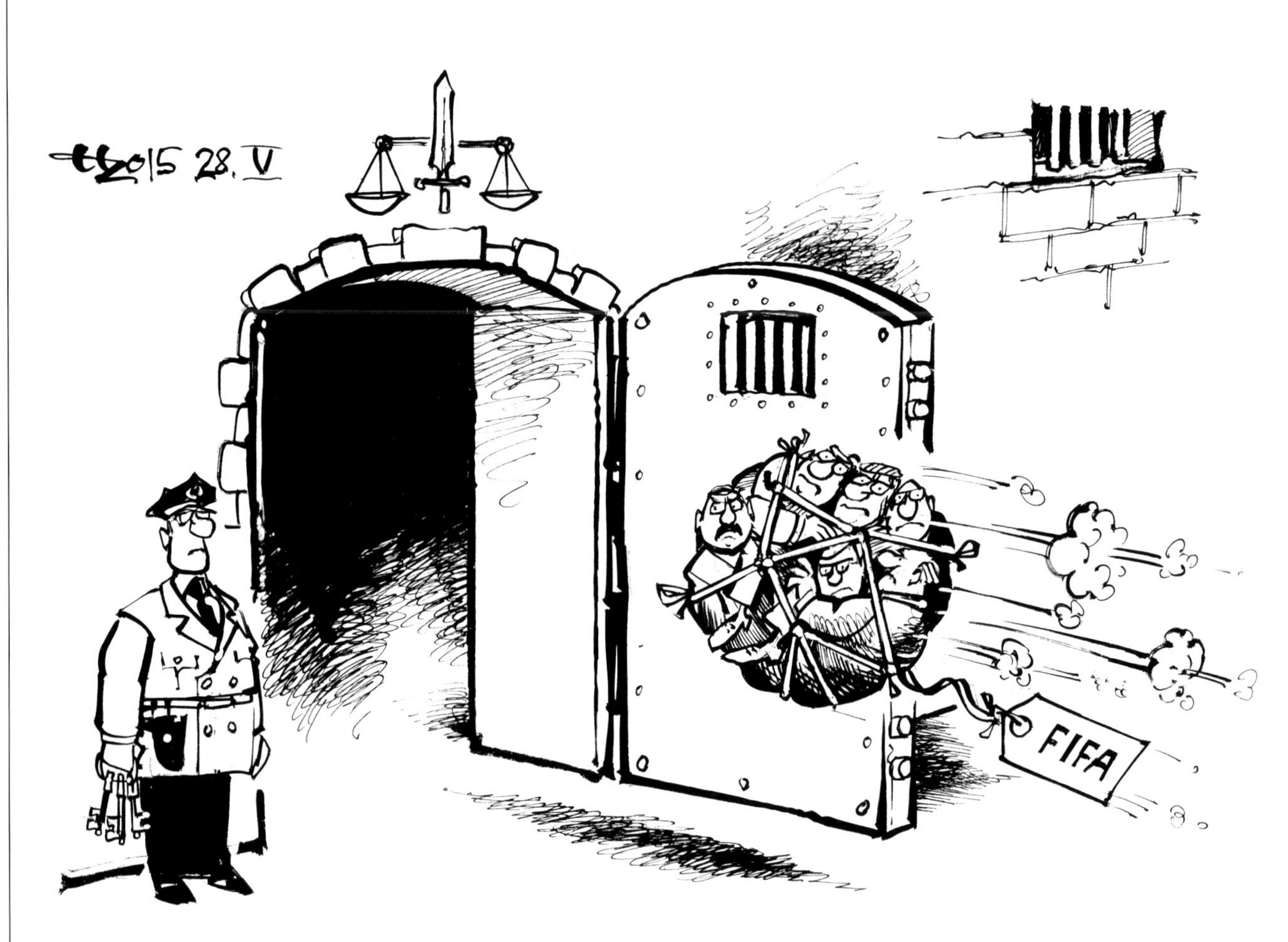

»... TOOOOOR!«

Mai 2015: Die Schweiz liefert mehrere Spitzenfunktionäre der FIFA wegen schwerer Korruptionsvorwürfe an die USA aus.

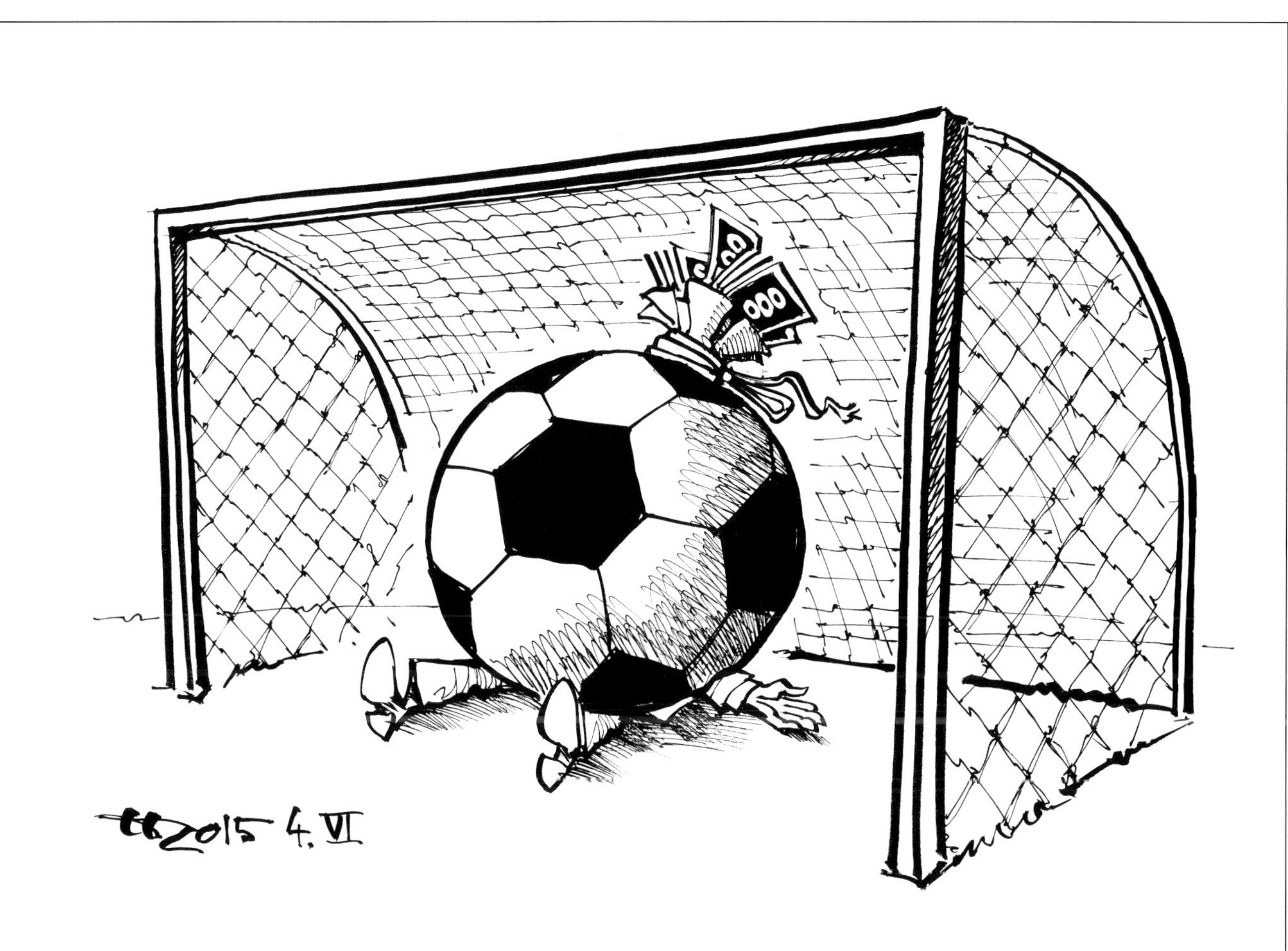

Platter Blatter

Juni 2015: FIFA-Präsident Sepp Blatter tritt wegen möglicher Verwicklungen in Korruptionsskandale von seinem Amt zurück.

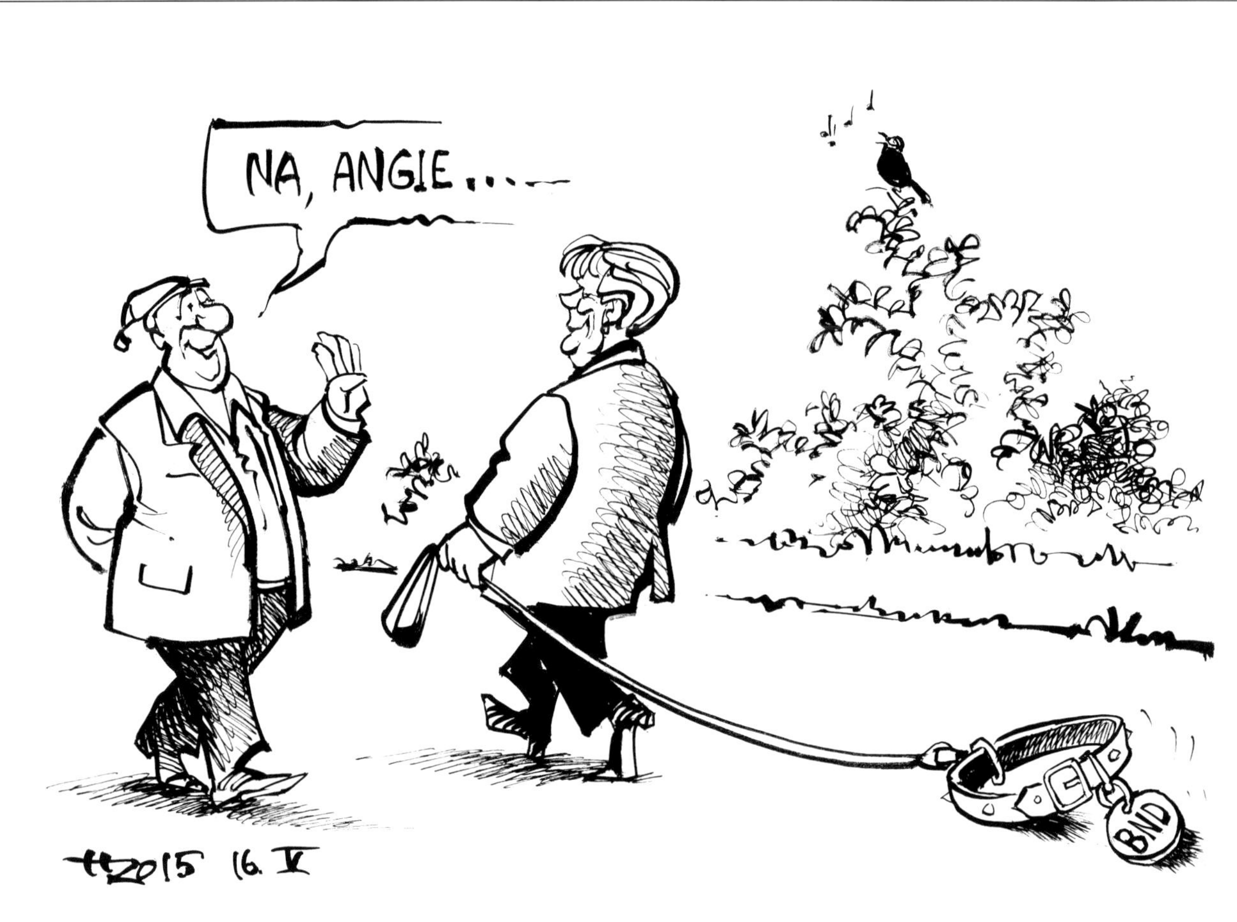

»... alles fest im Griff?!«

Mai 2015: Es bestätigen sich Vermutungen, dass der BND weitgehend an der gesetzlichen Kontrolle des Kanzleramts vorbei agiert.

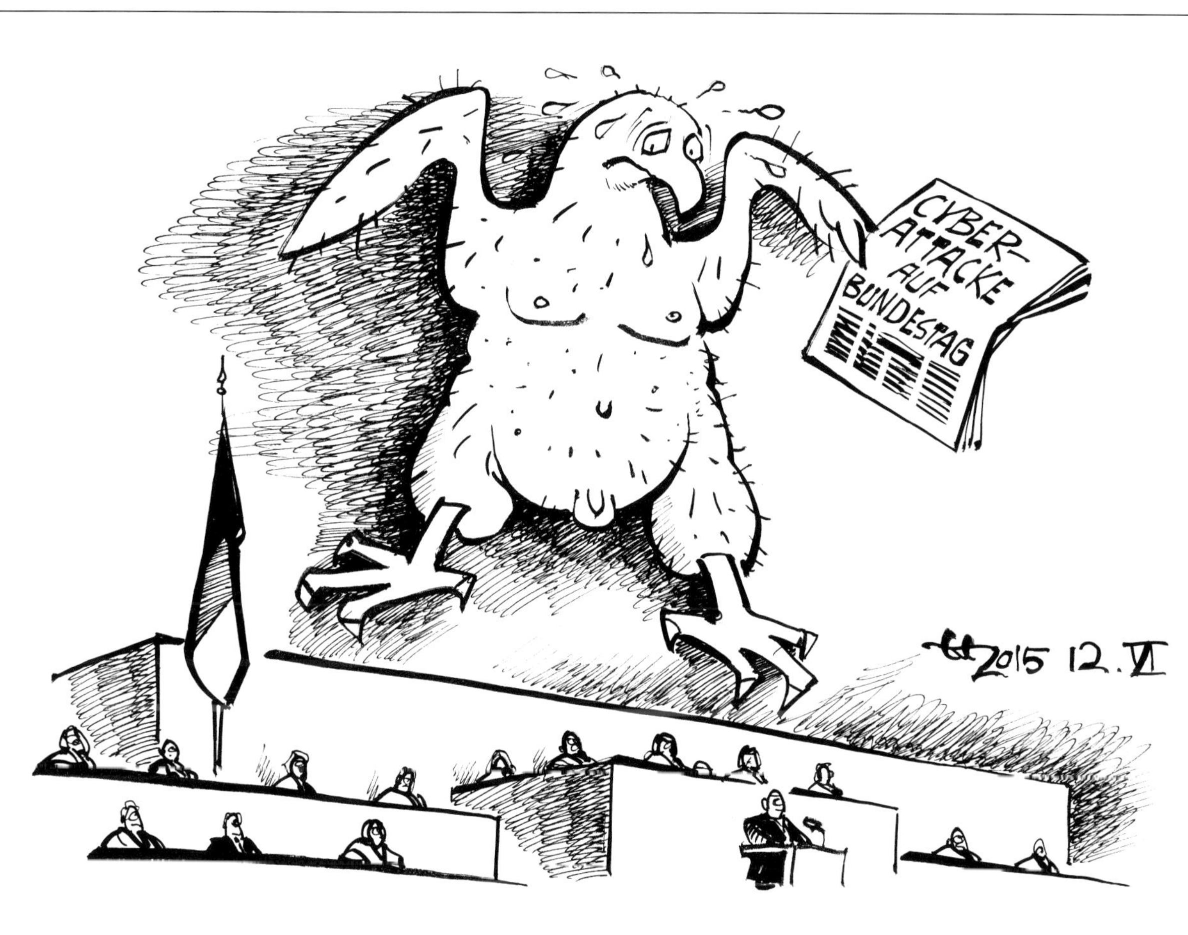

»... Und er erkannte, dass er nackt war!«

Juni 2015: Der Bundestag sieht sich schweren Cyber-Attacken ausgesetzt.

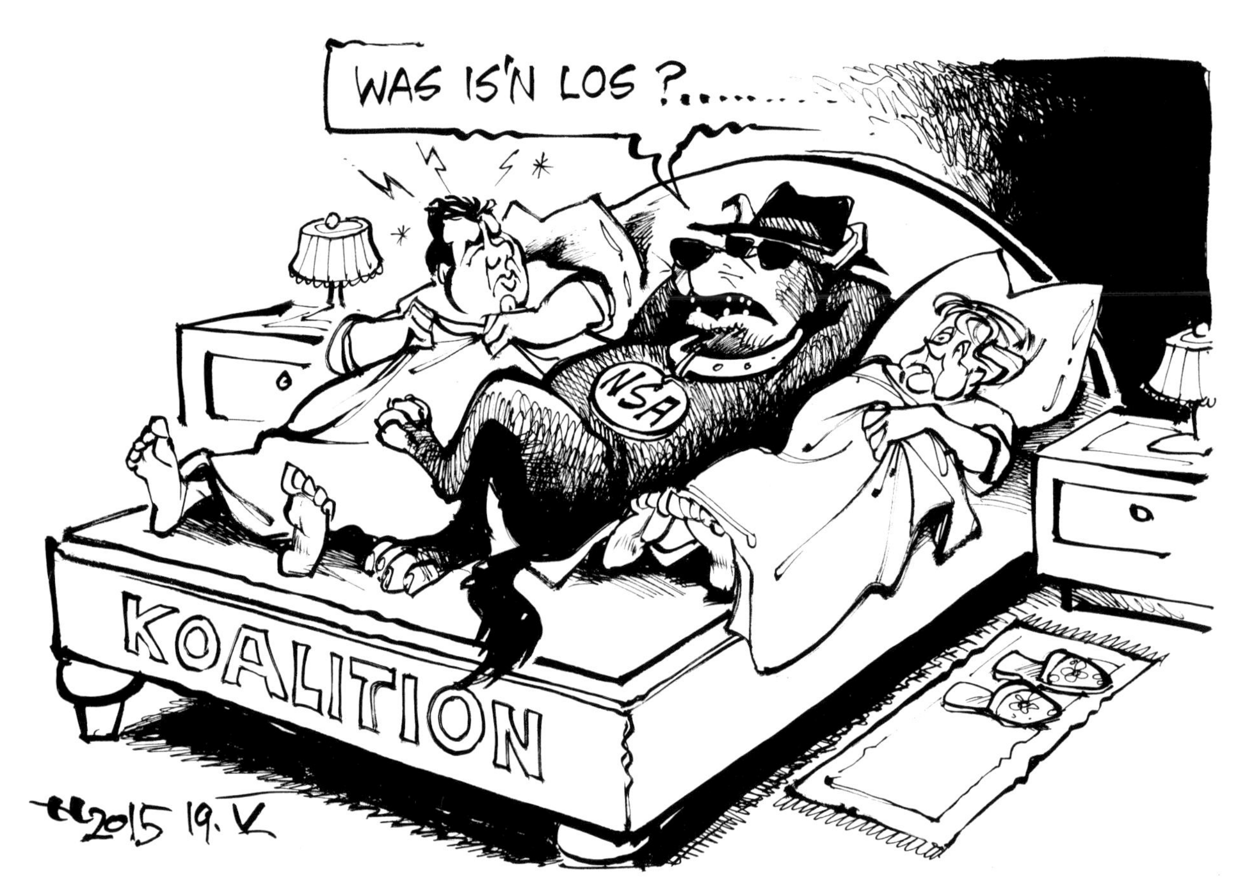

»... Habt ihr Zoff???«

Mai 2015: Der NSA-Abhörskandal belastet auch die Koalitionsregierung.

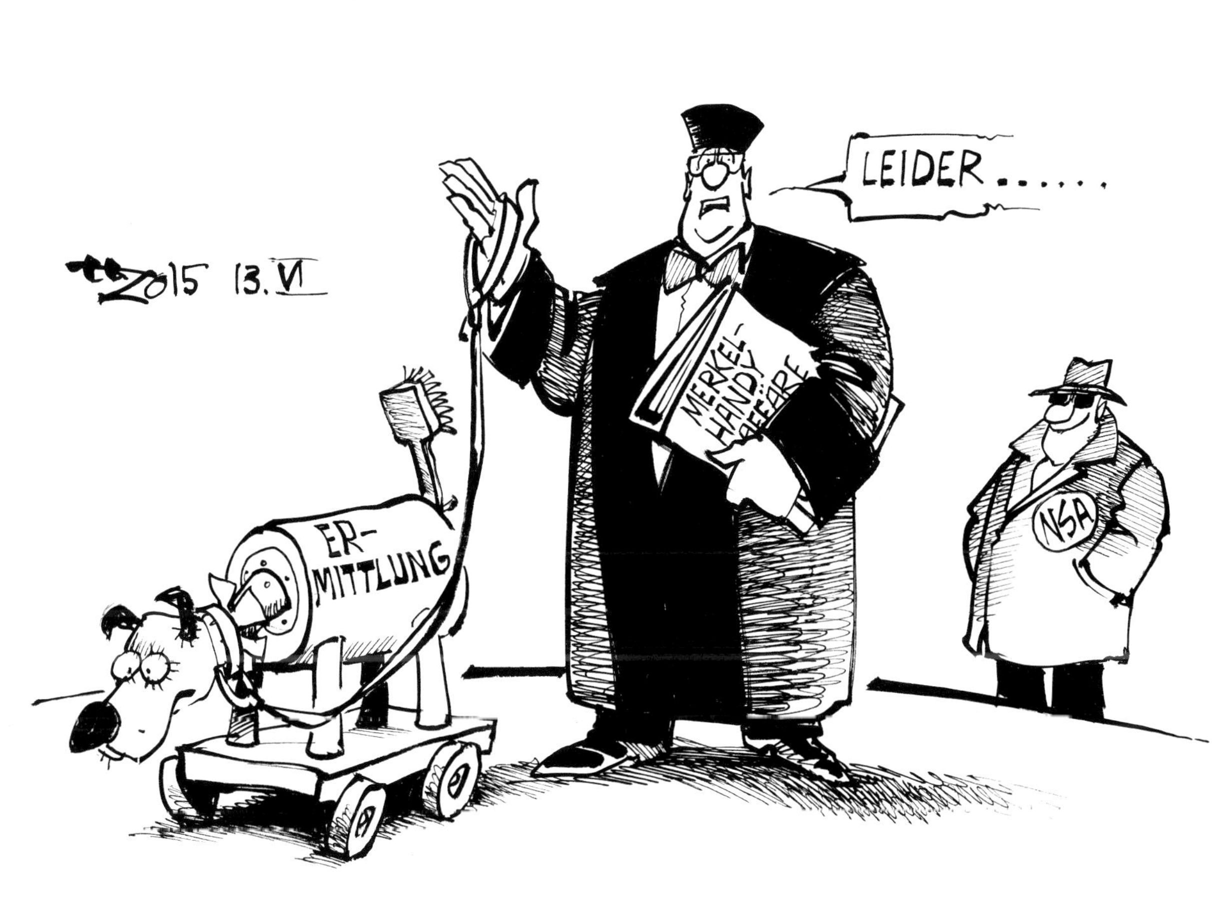

»... unser Spürhund hat nichts gefunden!«

Juni 2015: Die Ermittlungen im Abhörskandal um Kanzlerin Merkels Handy werden eingestellt.

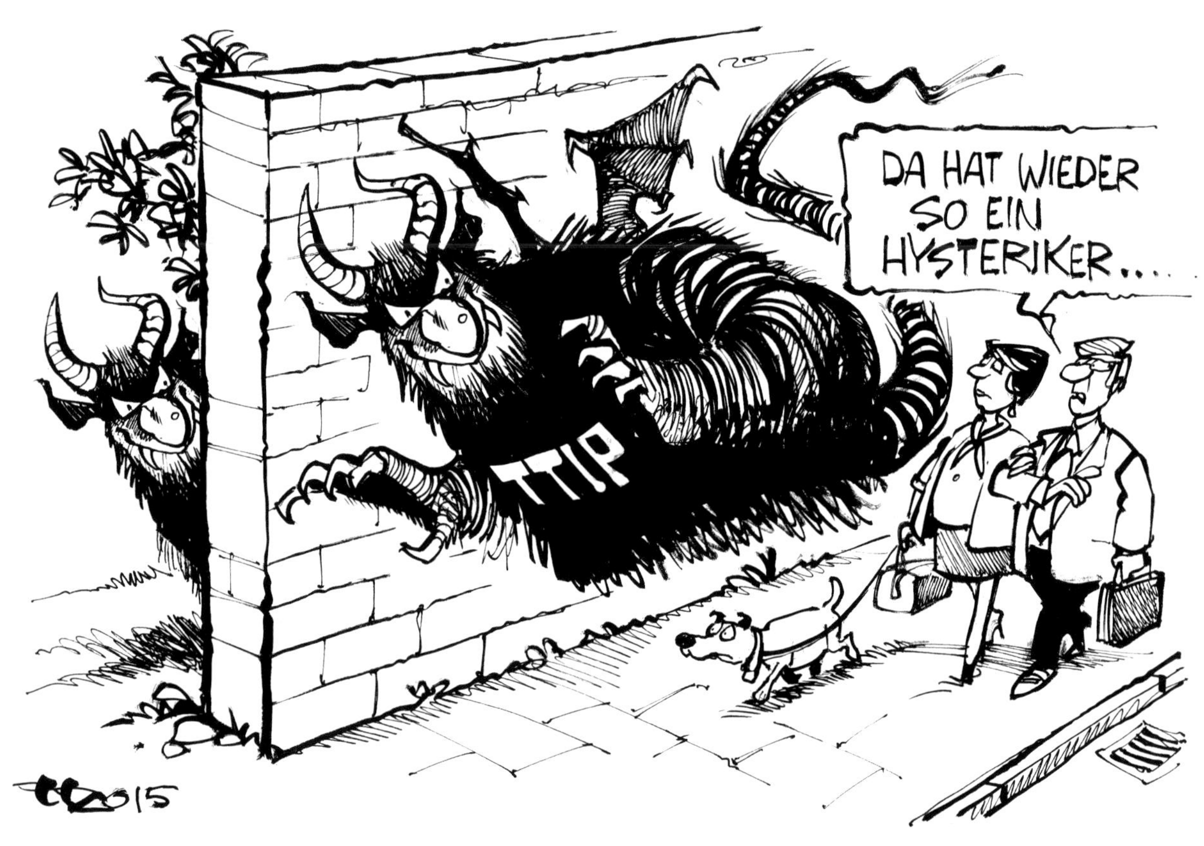

»... einen Teufel an die Wand gemalt!«

Juni 2015: Andauernde Unsicherheit über Vorteile und Gefahren des geplanten internationalen Handelsabkommens »TTIP« herrscht unter den Verbrauchern.

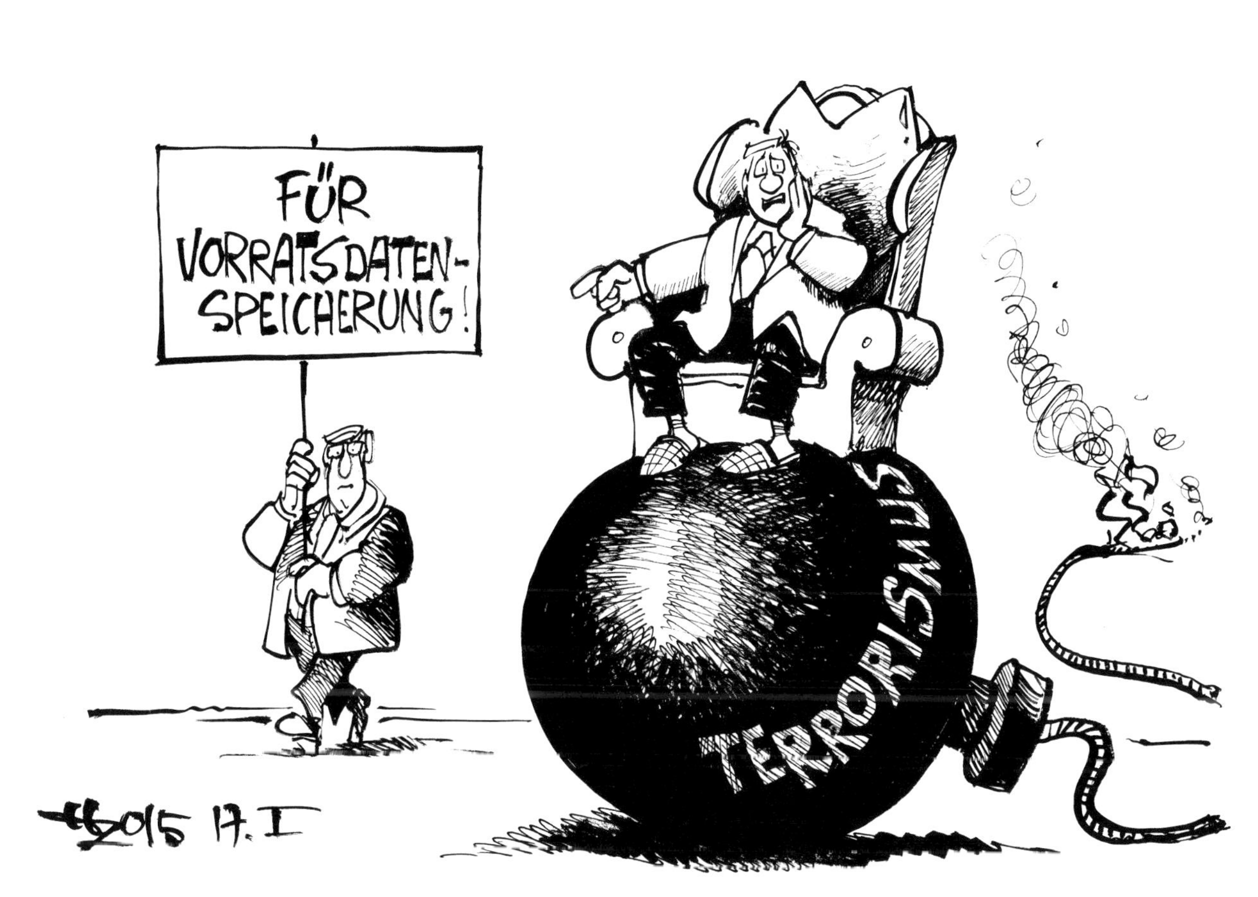

»... Hilfe, wir sind bedroht!«

Januar 2015: Neben sachlichen Einwänden beherrscht auch Hysterie die Debatte über die Vorratsdatenspeicherung.

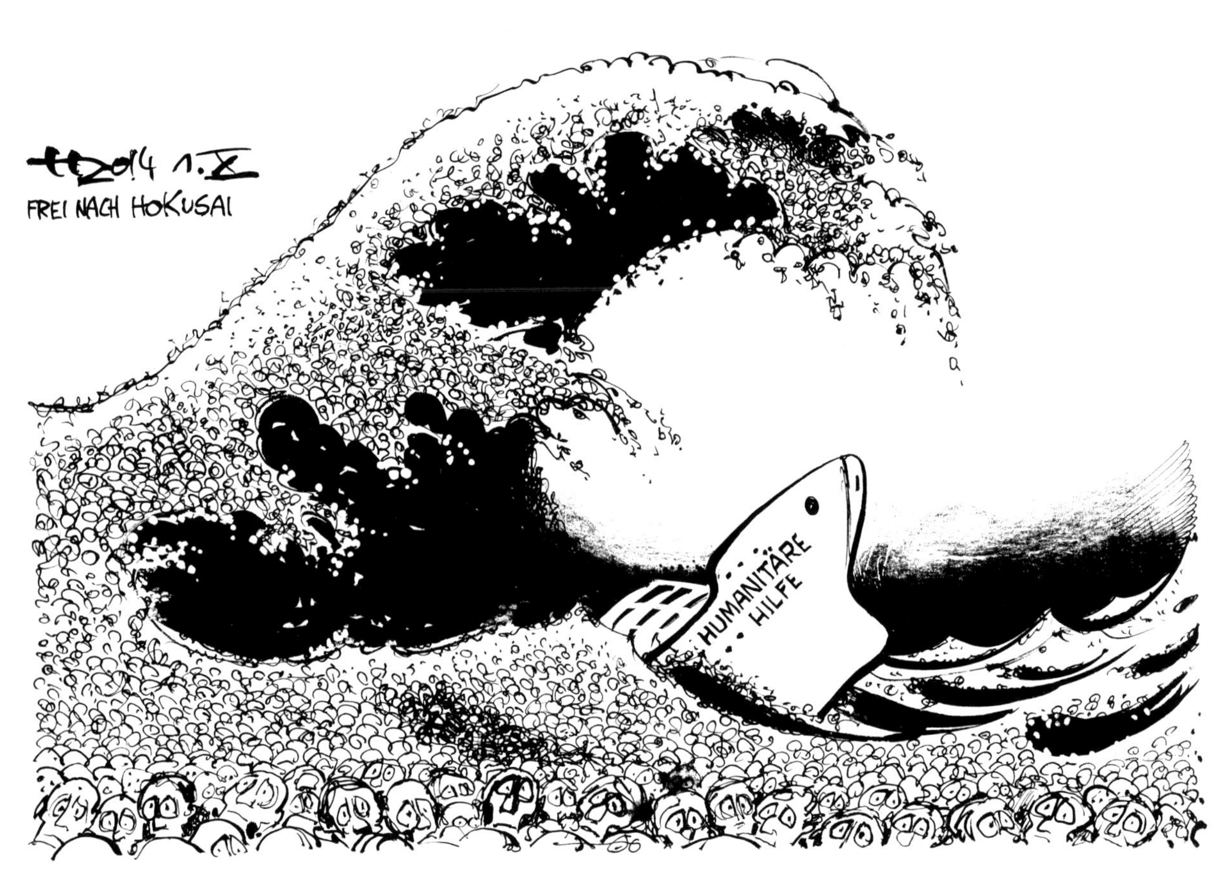

Die Flüchtlingswoge

Oktober 2014: Die beispiellose Flüchtlingswelle aus Afrika überfordert die Mittelmeeranrainerstaaten Europas.

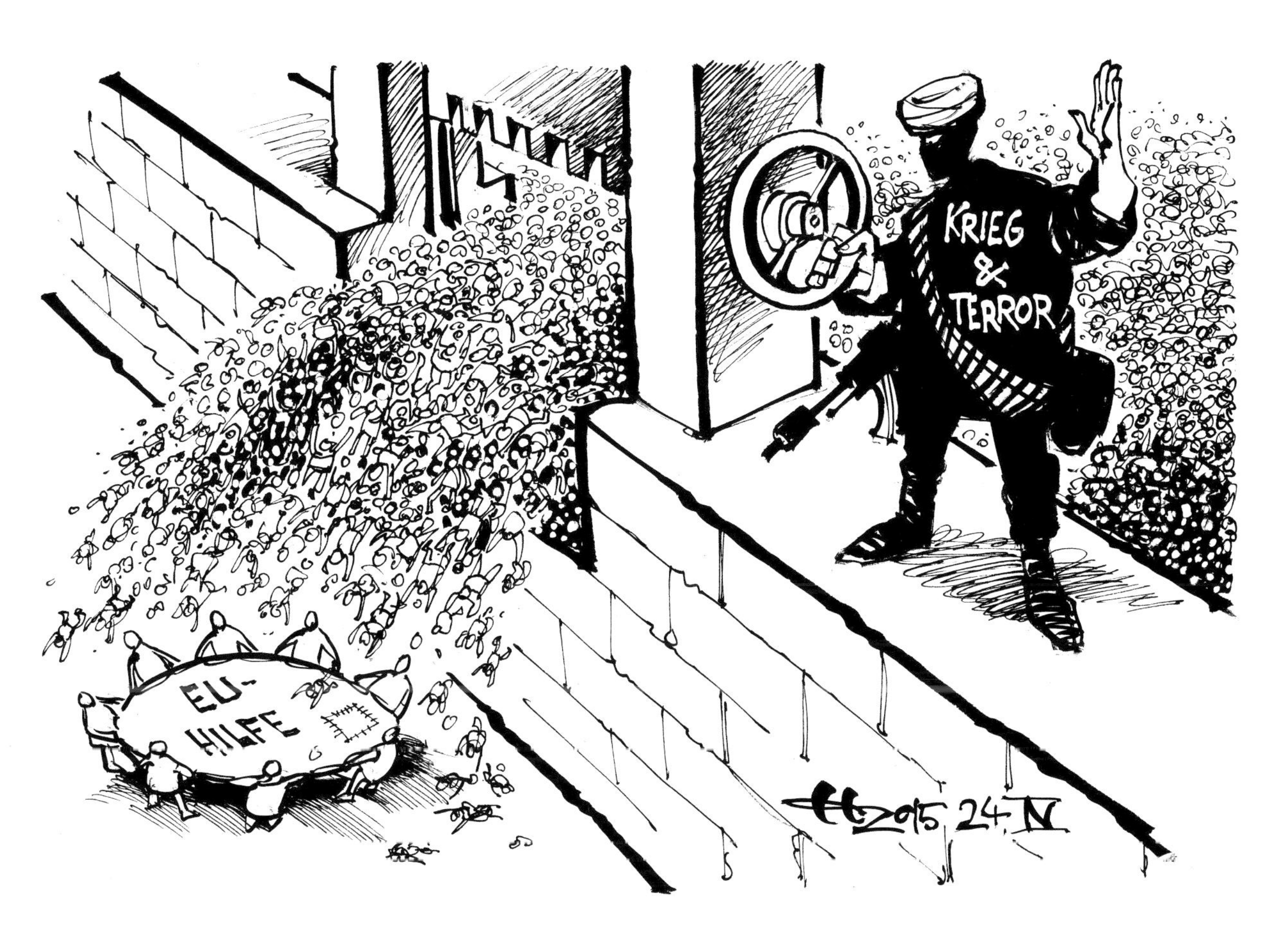

Gruß von der Schleuse

April 2015: Für Schleuserorganisationen in Afrika und Osteuropa ist die Not hunderttausender Menschen ein lukratives Geschäft.

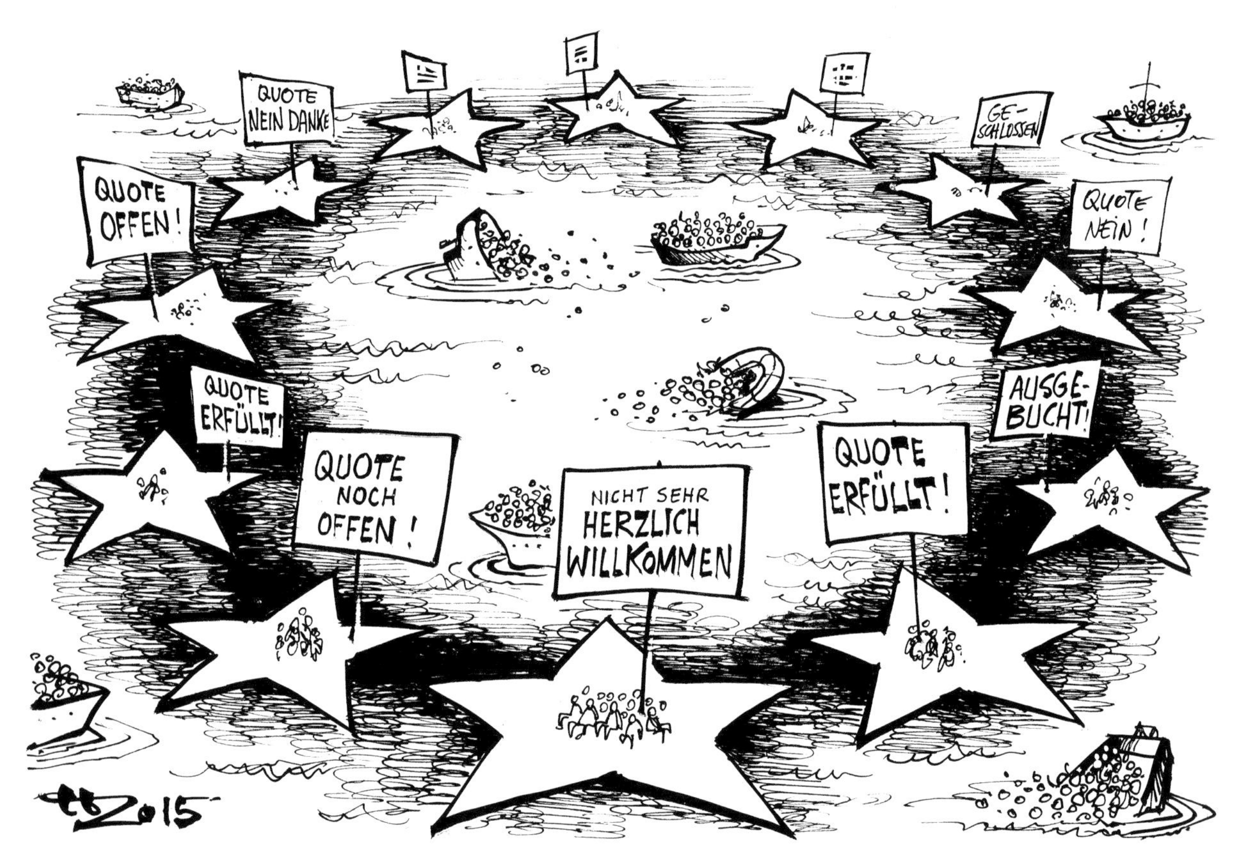

Europäische Sternstunde

Juni 2015: Bei einer Konferenz der EU in Brüssel, über die Verteilung von Flüchtlingen auf die verschiedenen EU-Staaten nach bestimmten Quoten, wird keine Einigung erzielt.

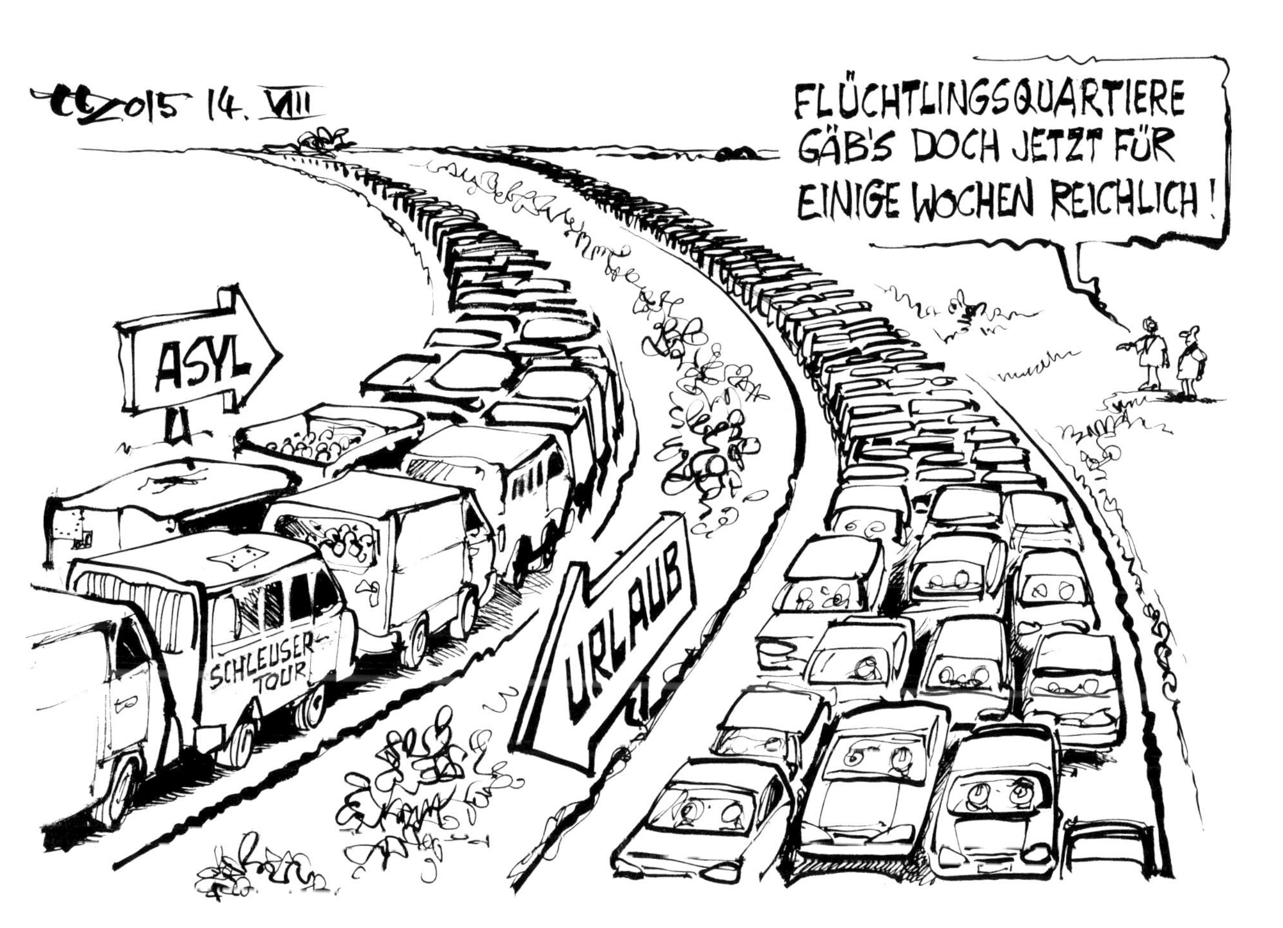

Sommerlochidee

August 2015. Während der Ferienzeit erreicht der Flüchtlingszustrom in Deutschland Rekordhöhen.

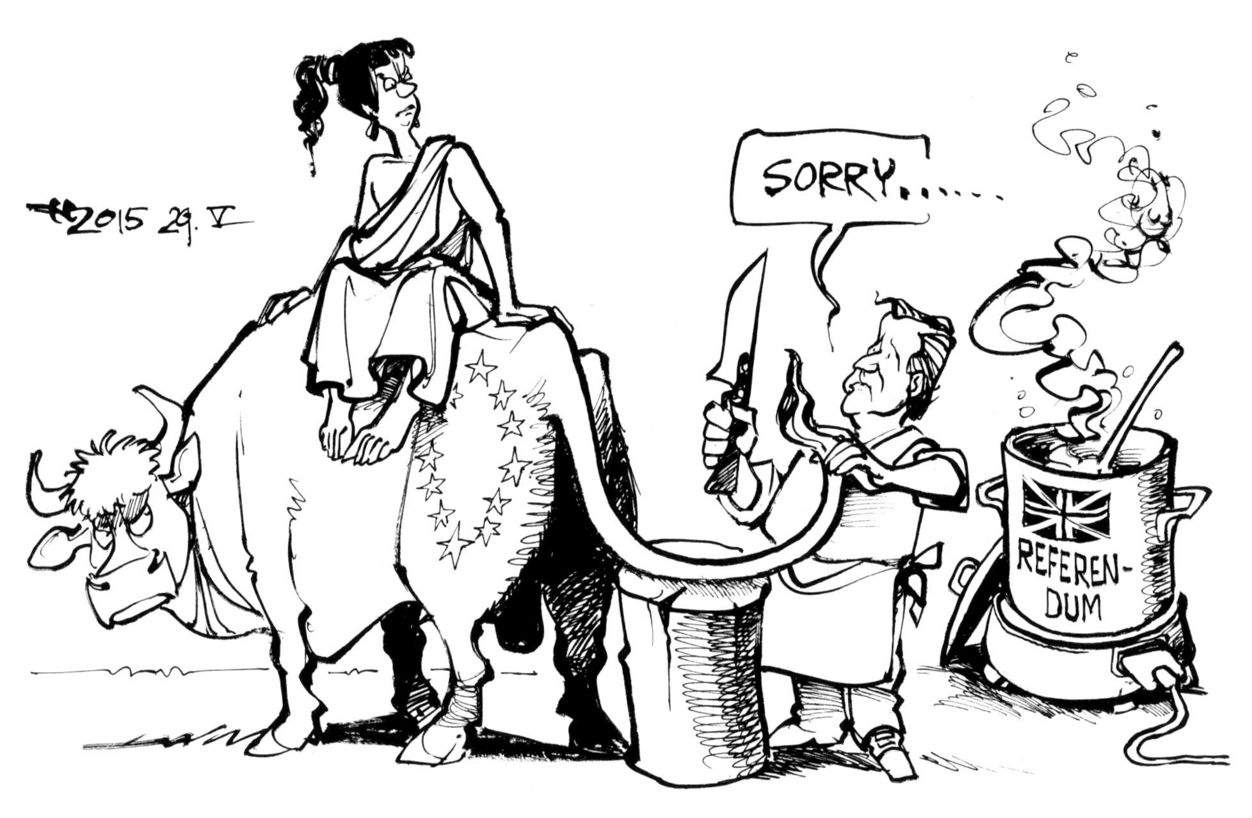

»... ich brauche nur ein Extrawürstchen!«

Mai 2015: Premierminister David Cameron versucht mit einer geplanten Volksbefragung über den Verbleib Großbritanniens in der EU, von der EU verbesserte Konditionen für sein Land zu erzwingen.

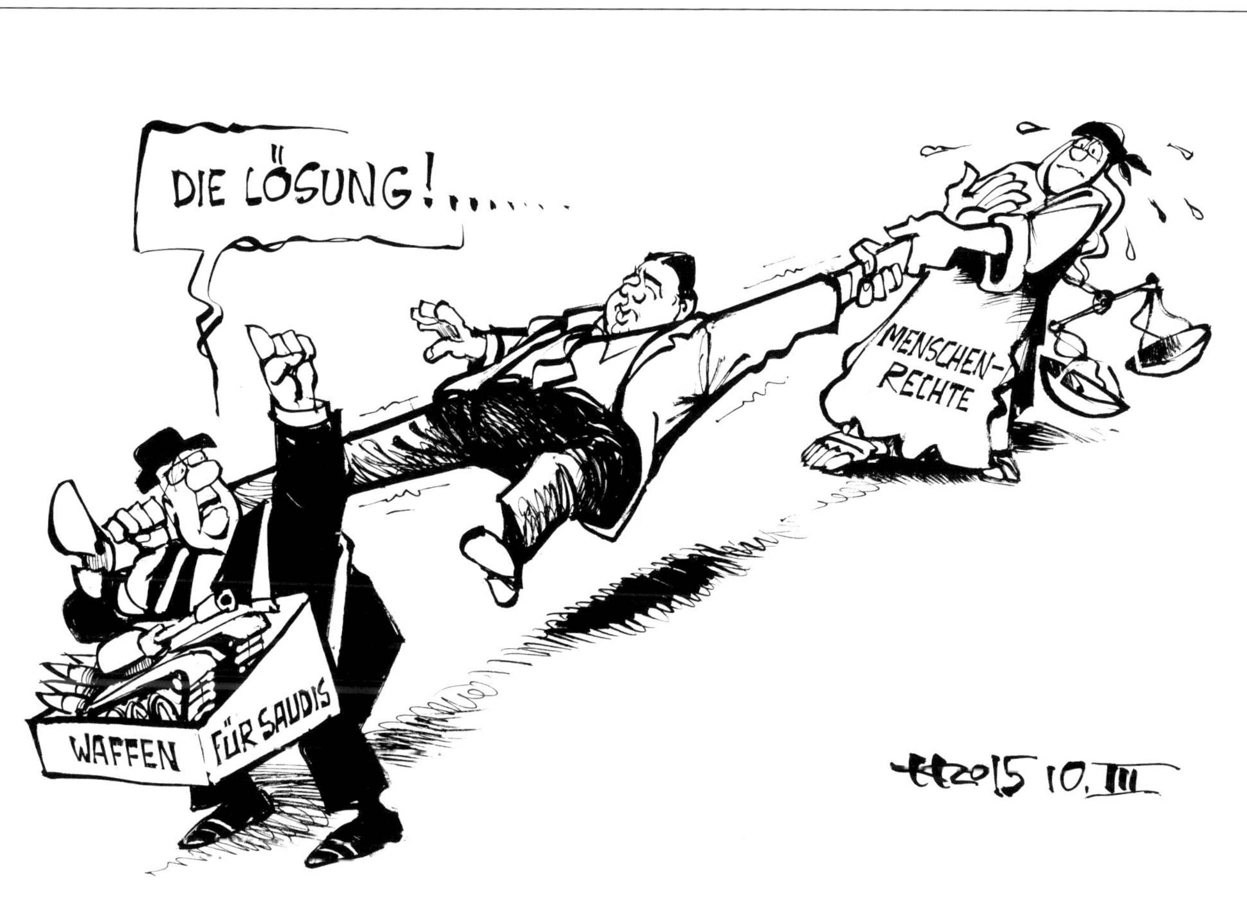

»... Ein Exportverbot für Rohrstöcke!«

März 2015: Während in Saudi-Arabien ein Häftling u.a. zu 1000 Stockhieben verurteilt wird, muss Wirtschaftsminister Gabriel über Waffenexporte in dieses Land entscheiden.

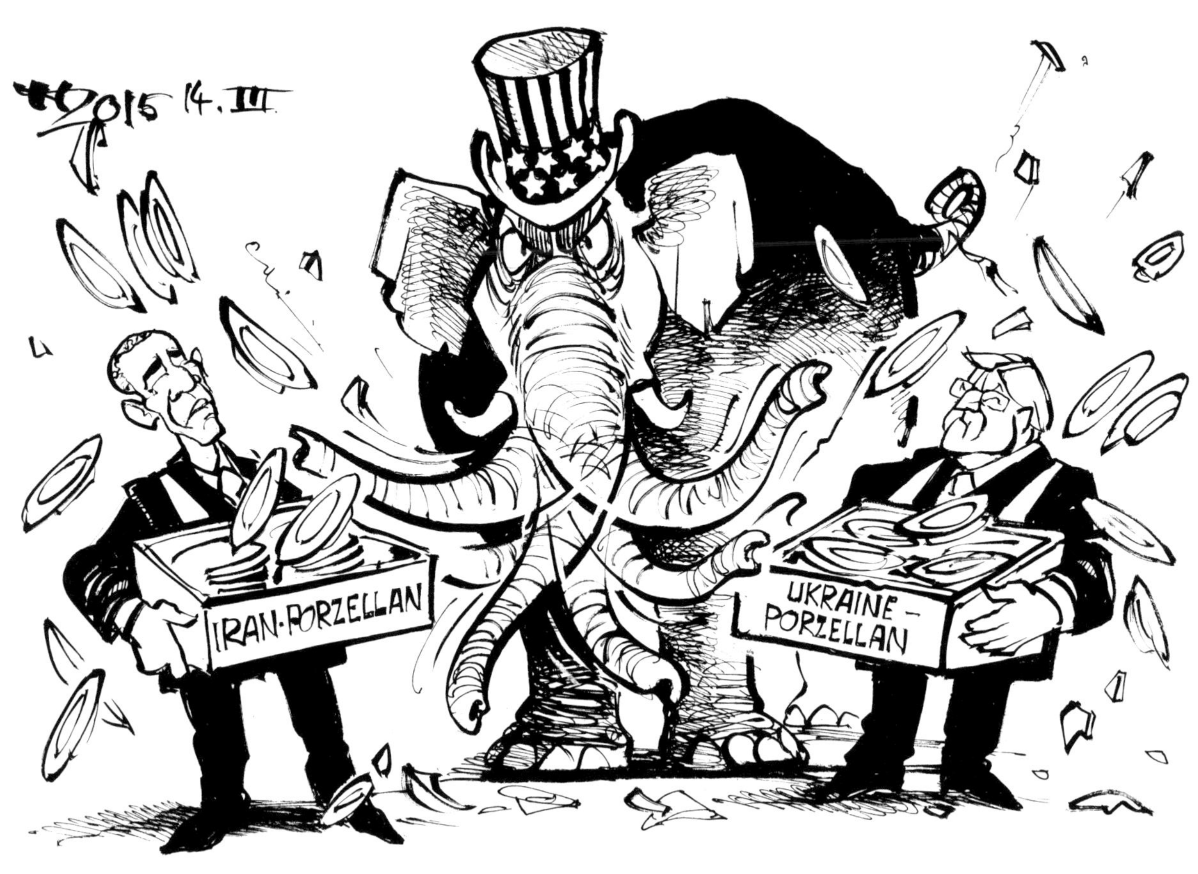

Der republikanische Elefant

 März 2015: Der republikanische Wortführer McCain pöbelt während des USA-Besuchs von Außenminister Steinmeier in ungewöhnlicher Form gegen dessen diplomatische Bemühungen im Ukraine-Konflikt sowie gegen die Friedensbemühungen Präsident Obamas mit dem Iran.

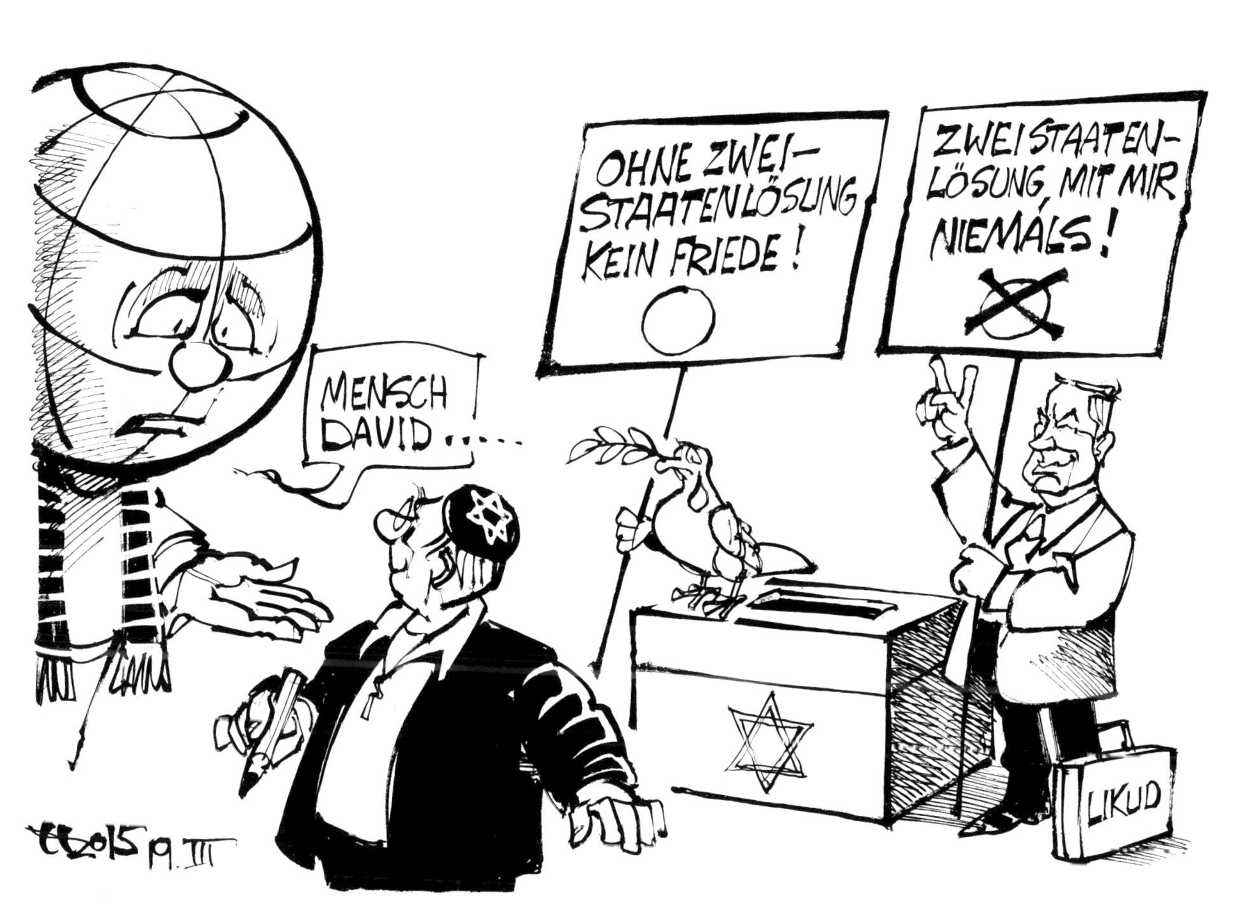

»... wo war da denn die Qual der Wahl?«

März 2015: Die Parlamentswahlen in Israel stärken abermals das kompromissunwillige rechte Lager.

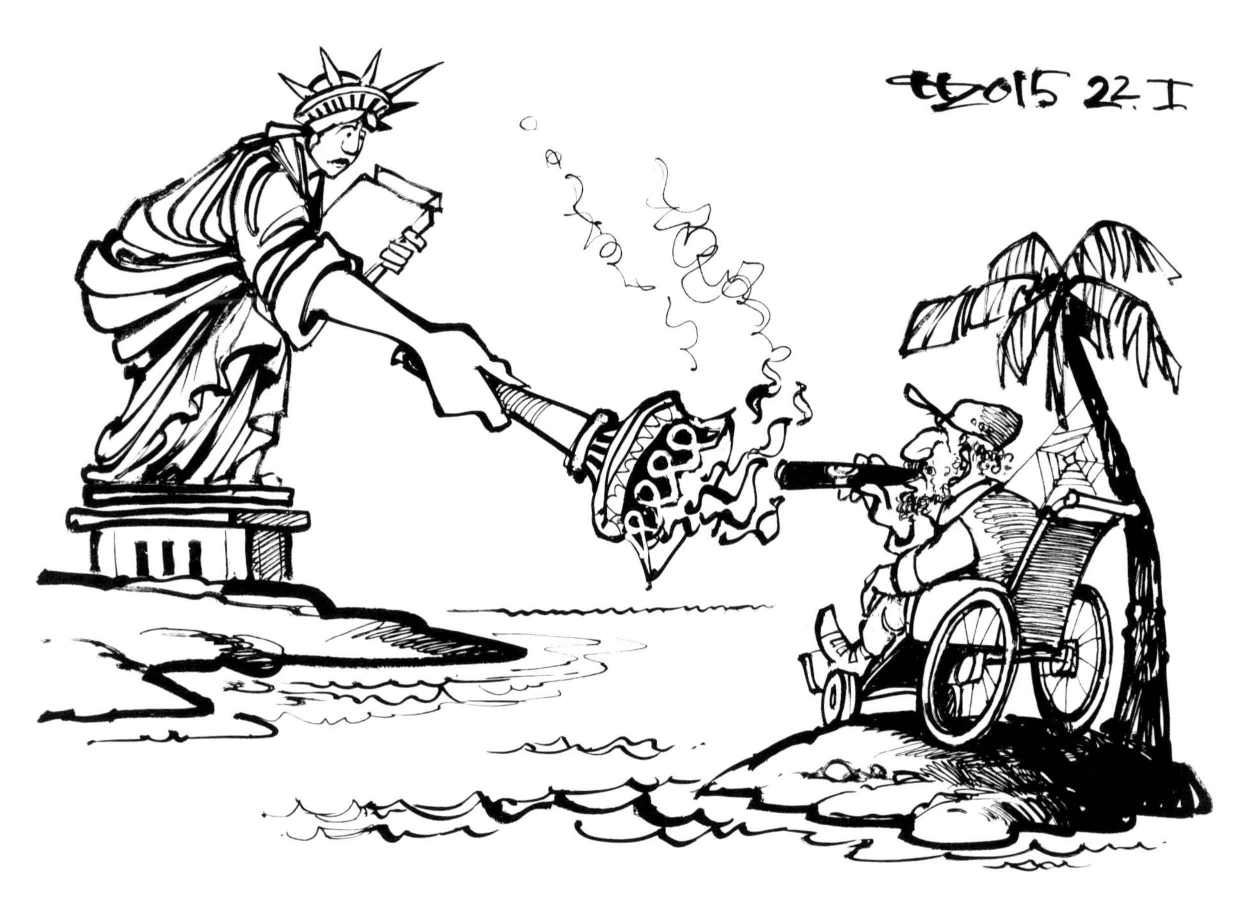

Späte Friedenspfeife

Januar 2015: Nach jahrzentelanger Unterbrechung gibt es zwischen den USA und Kuba wieder eine diplomatische Annäherung.

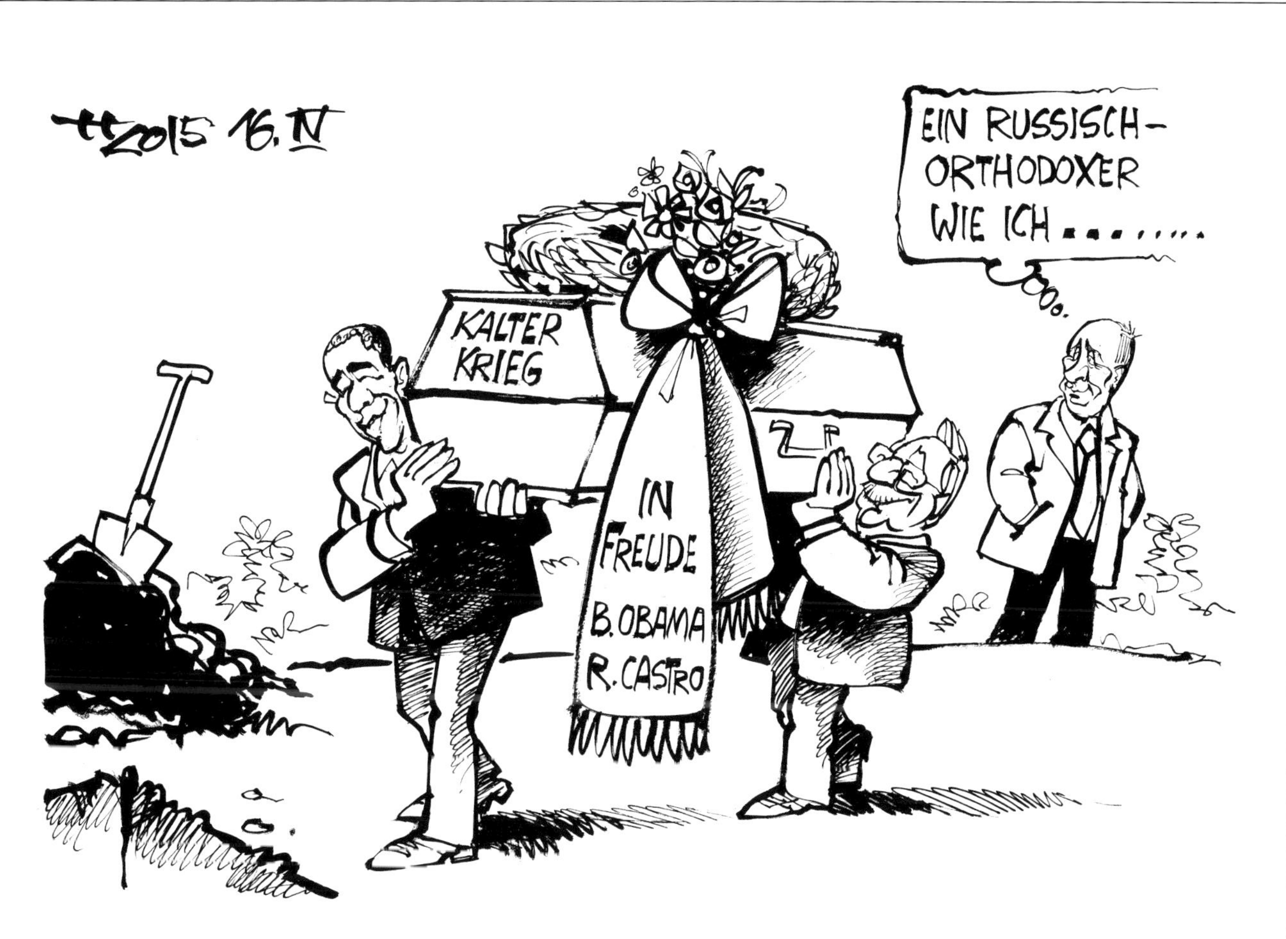

»... glaubt an die Auferstehung!«

April 2015: USA und Kuba beschließen die Aufnahme diplomatischer Beziehungen.

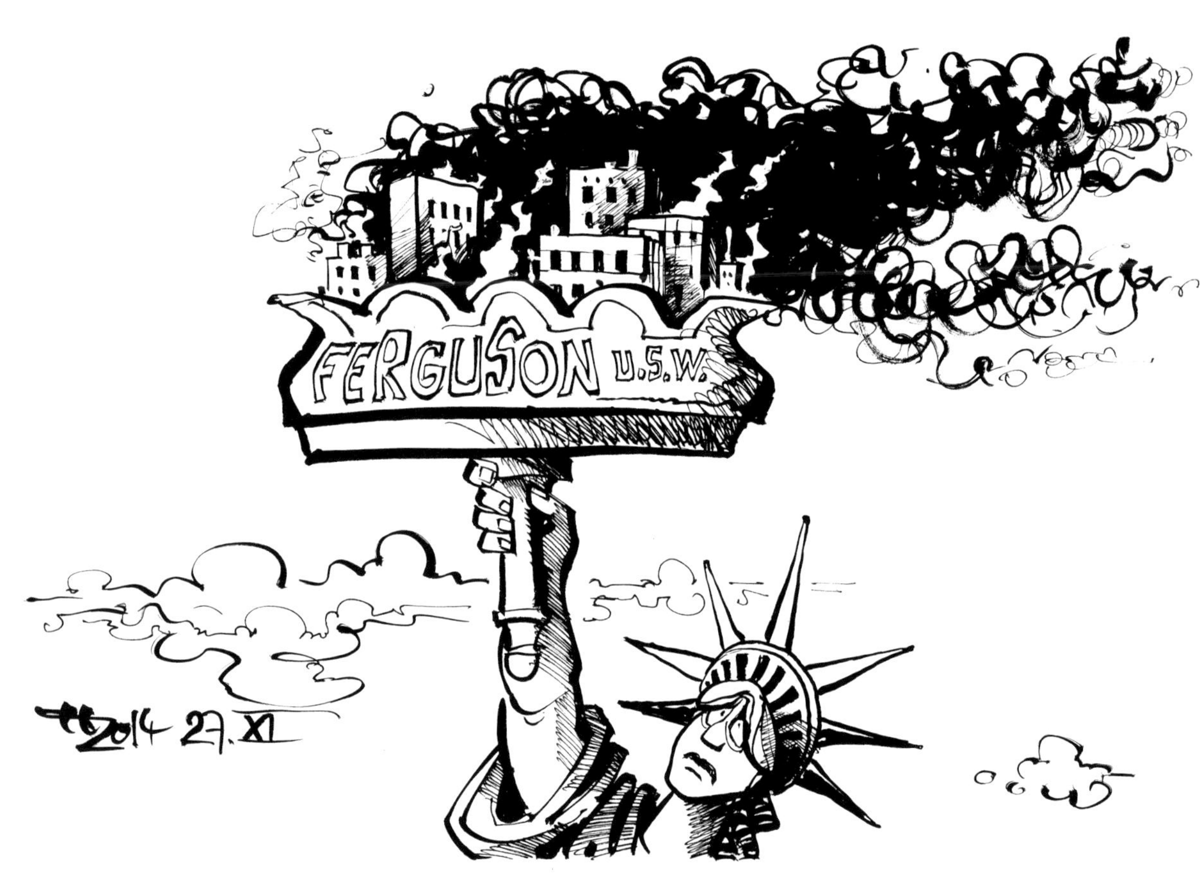

Rauchzeichen

November 2014: Die Erschießung eines weiteren unbewaffneten schwarzen Jugendlichen durch weiße Polizisten in Ferguson hat tagelange Brandschatzungen und Plünderungen zur Folge.

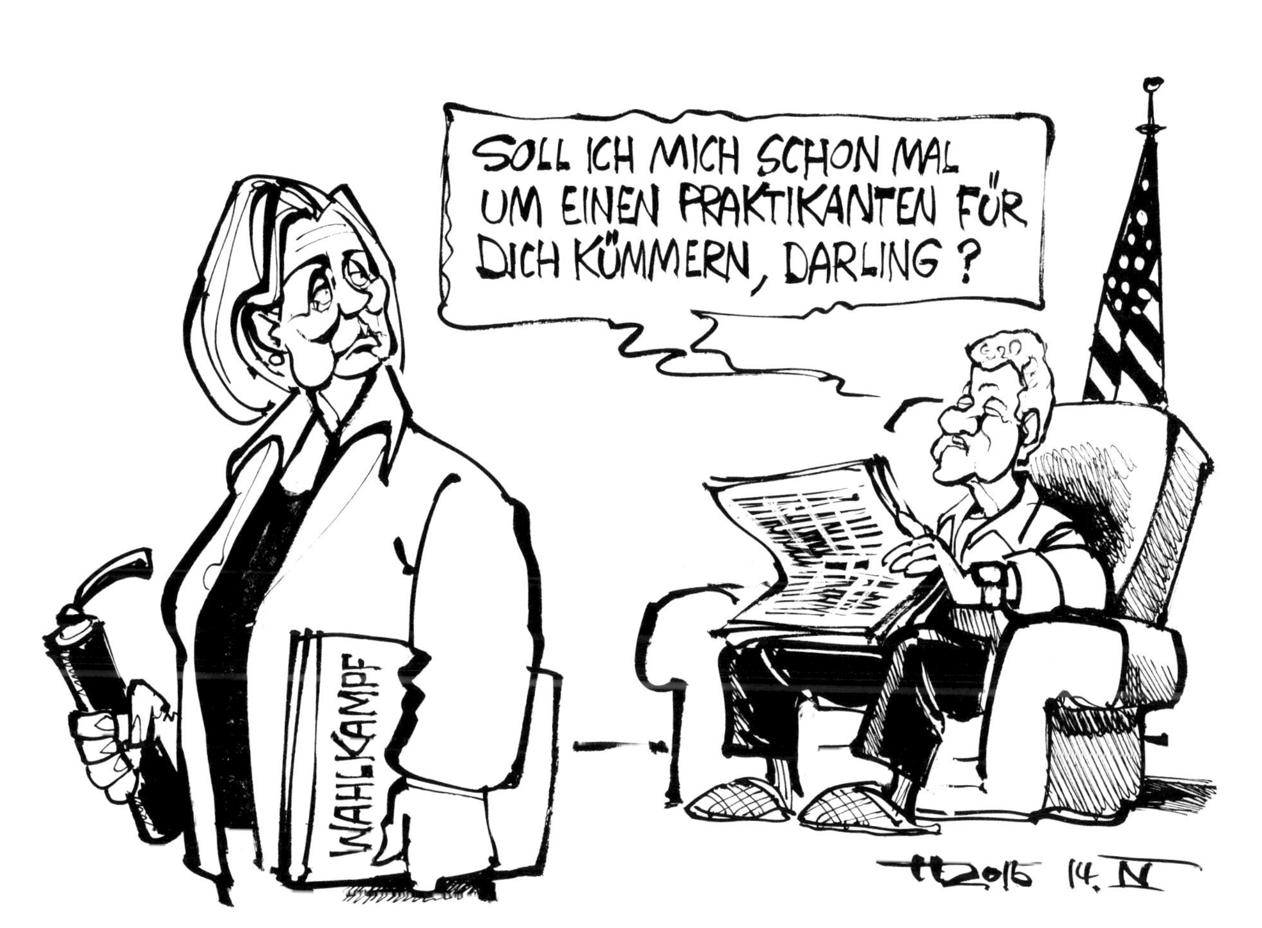

Hillary for president!

April 2015: Hillary Clinton erklärt sich zur Kandidatur für die Nachfolge von Barack Obama bereit.

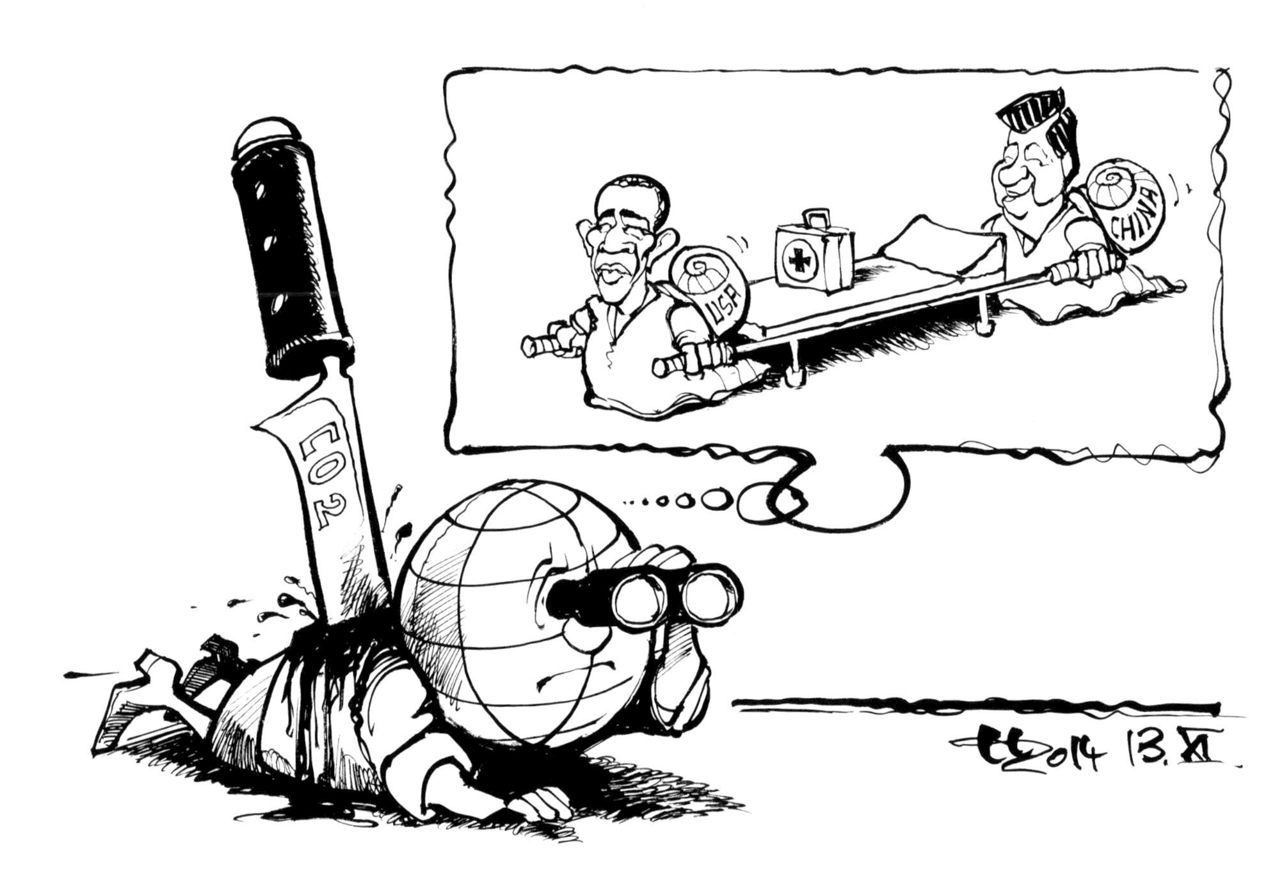

Die Rettung naht!

November 2014: Zum ersten Mal einigen sich die USA und China auf Minimalziele für die Bekämpfung des Klimawandels.

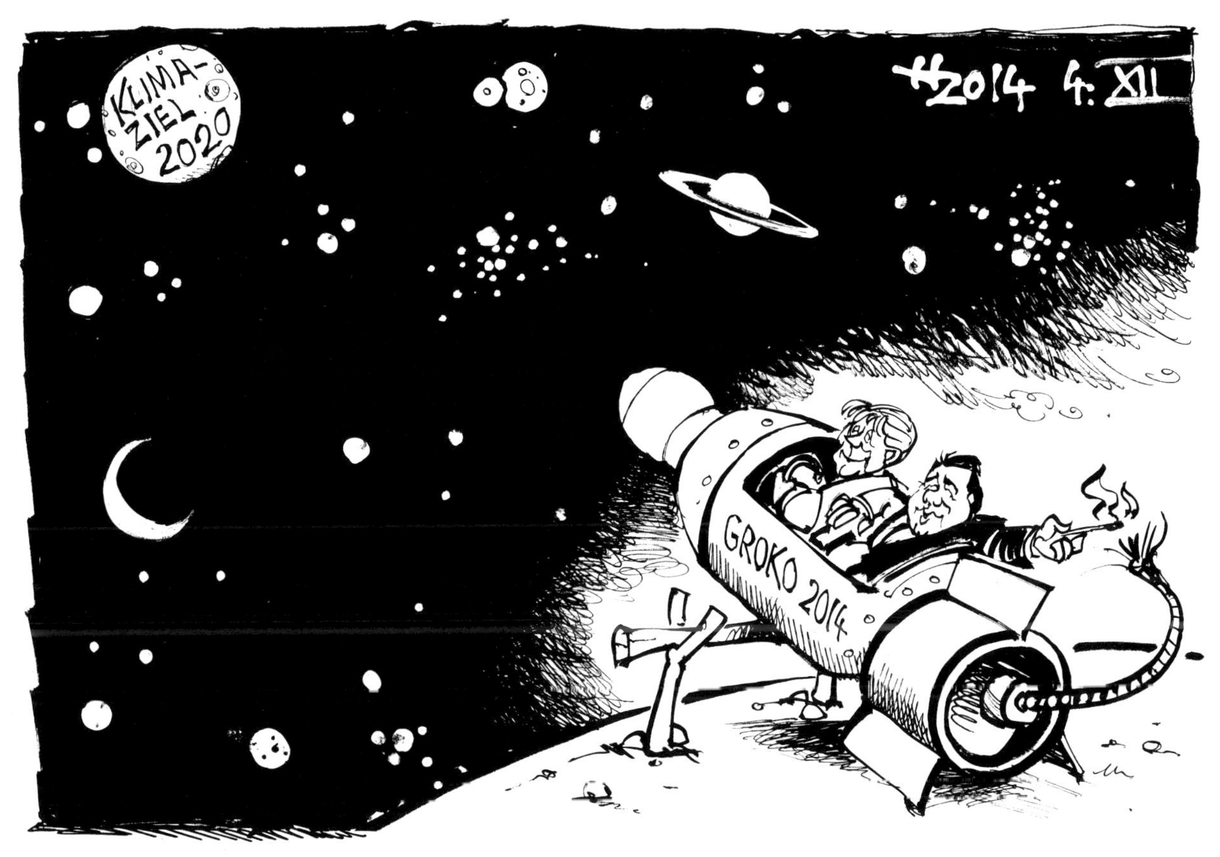

Auf zu den Sternen

Dezember 2014: Gemessen am Notwendigen bleiben die Vorhaben der Großen Koalition zur Erreichung der Klimaziele absolut unzureichend

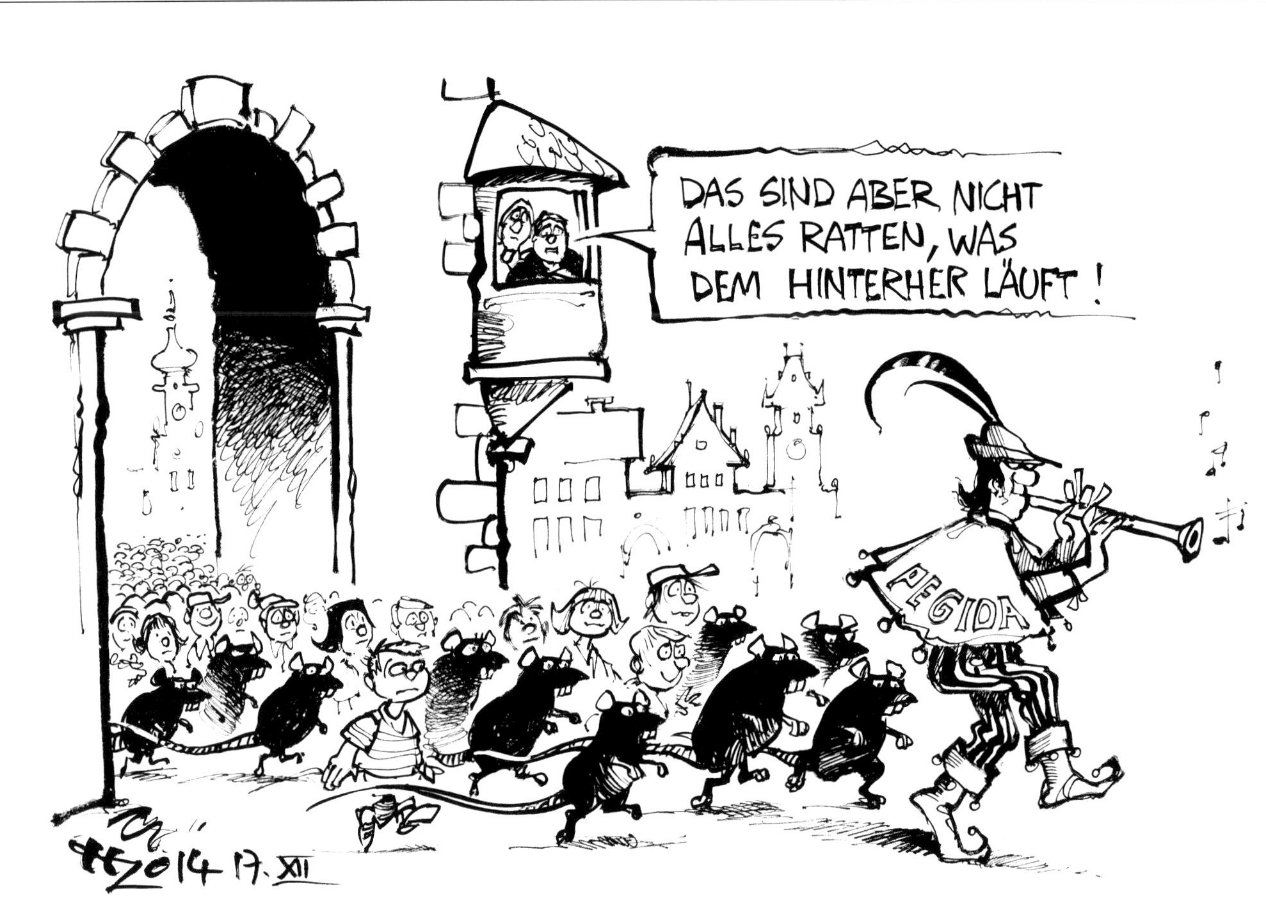

Dezember 2014: In der von rechtsradikalen Tendenzen durchwirkten Pegida-Bewegung äußern auch viele demokratisch gesinnte Bürger ihre Überfremdungsängste.

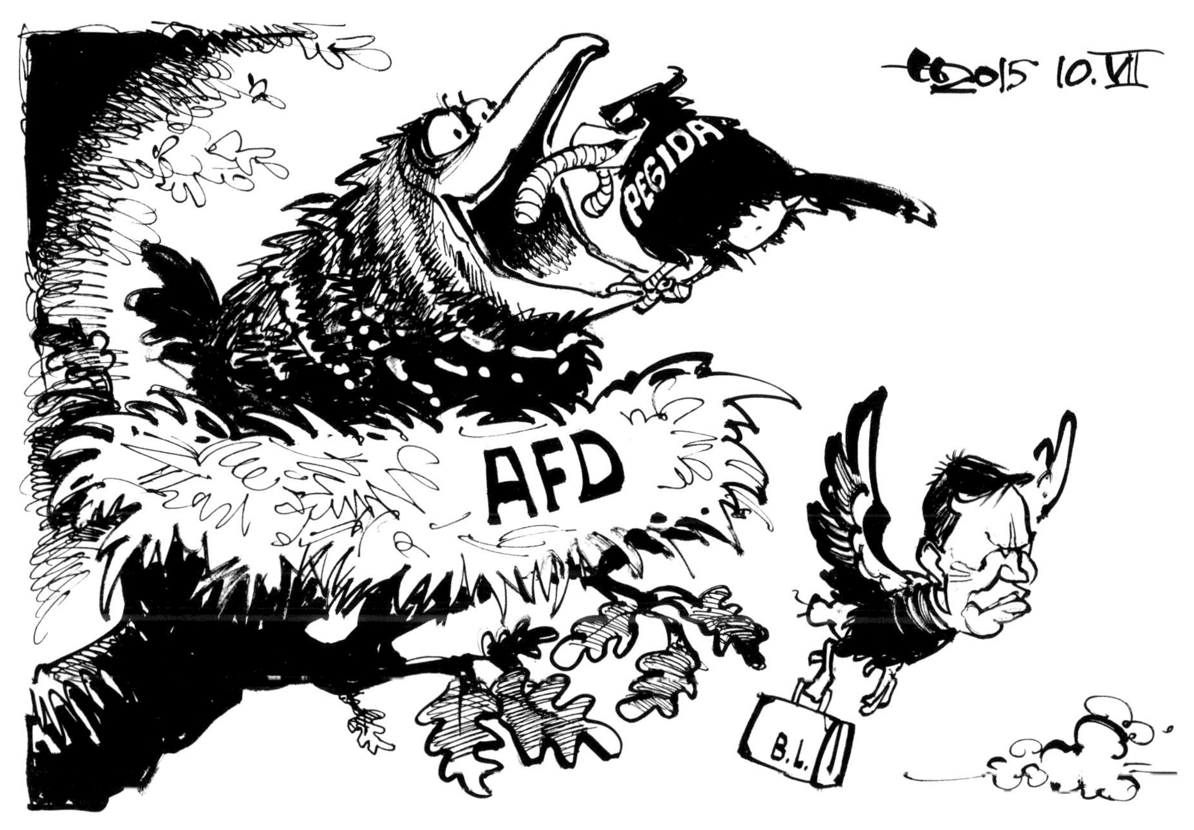

Der Nestbauer verabschiedet sich!

Juli 2015: Bernd Lucke verlässt die von ihm gegründete Partei »AFD«, in der sich eine nationalkonservative Mehrheit gegen den wirtschaftsliberalen Flügel durchgesetzt hat.

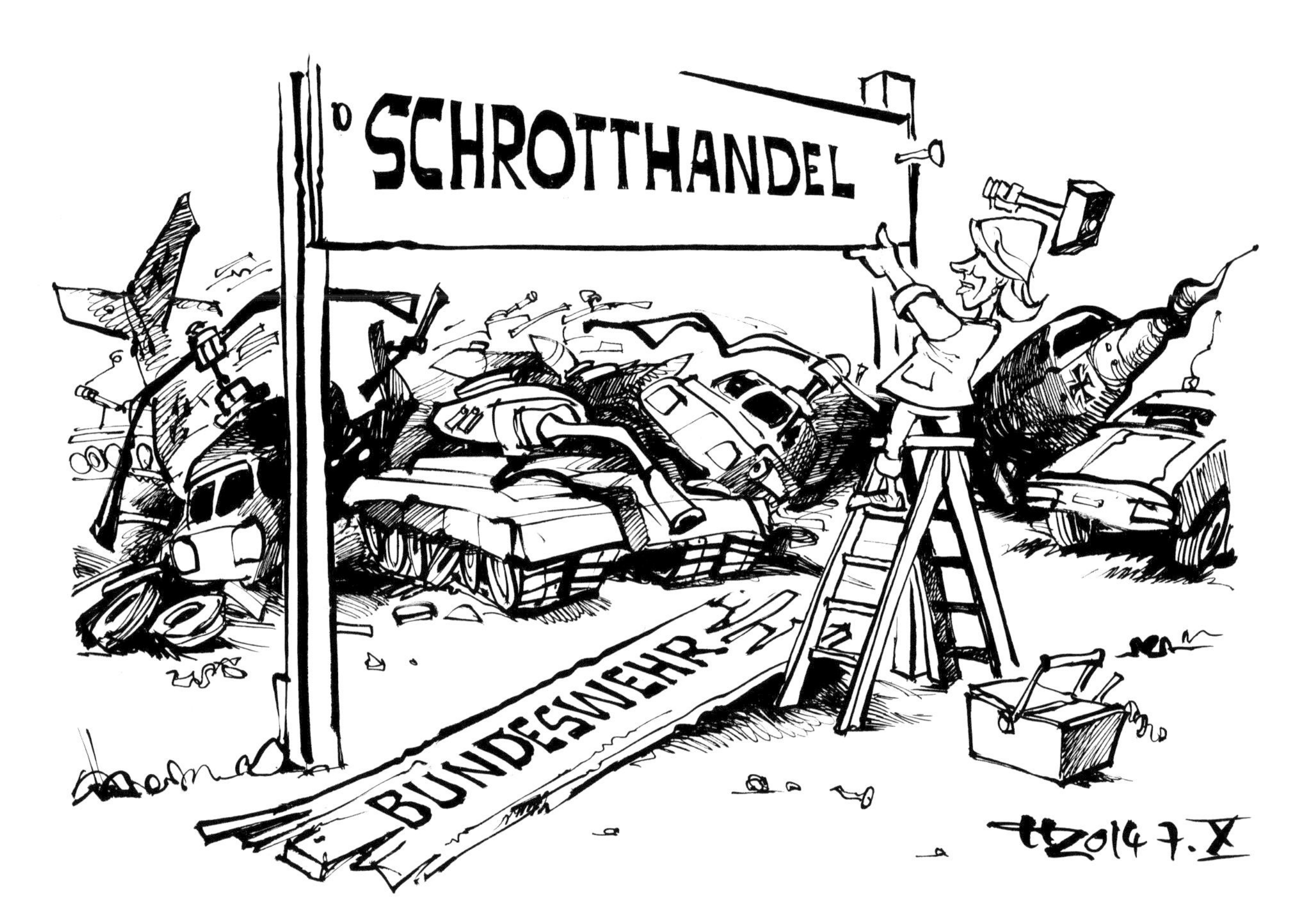

Firma im Wandel

Oktober 2014: Verteidigungsministerin von der Leyen attestiert der Bundeswehr einen desolaten Zustand im Ausrüstungsbereich.

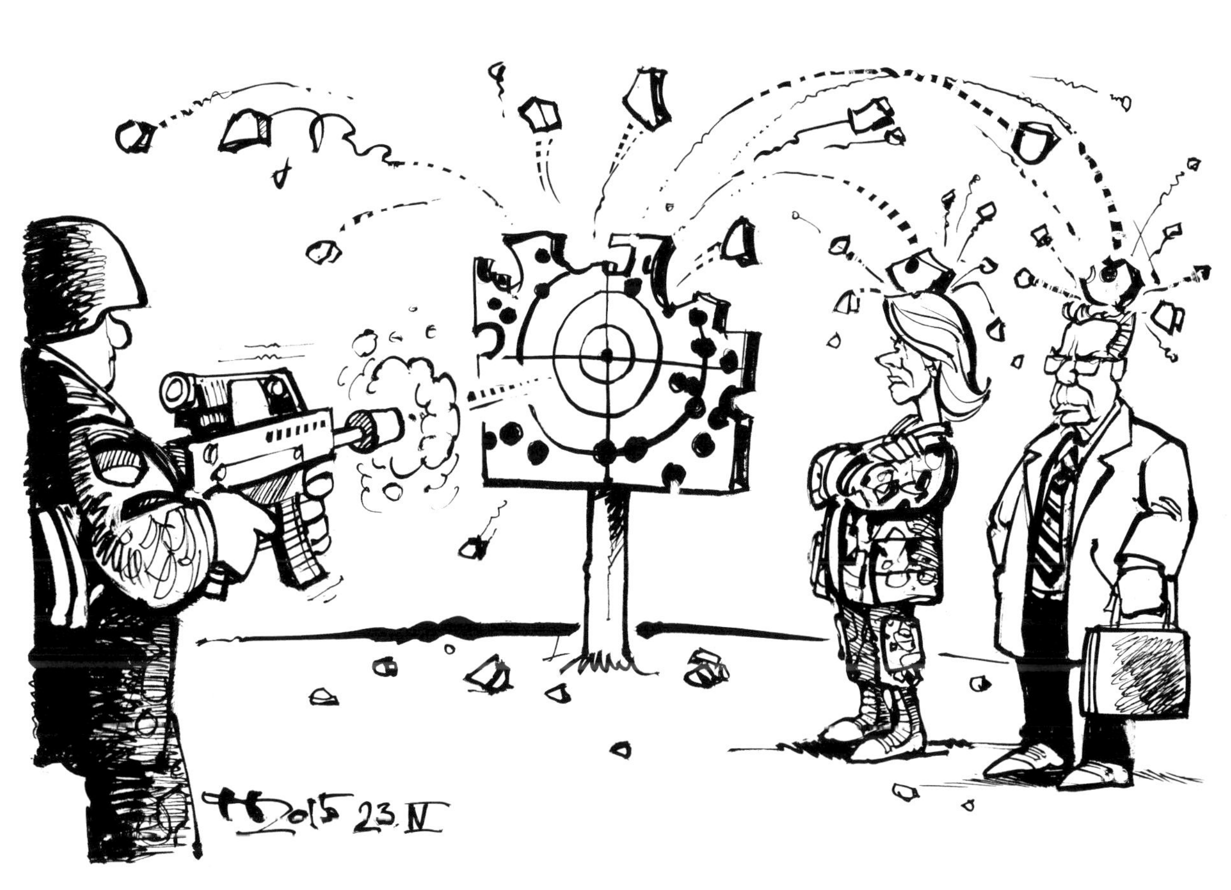

Erwiesene Treffsicherheit des G36!

April 2015: Die mangelnde Treffsicherheit des Sturmgewehrs G36 bringen die Verteidigungsministerin von der Leyen und ihren Vorgänger de Maizière in Bedrangnis.

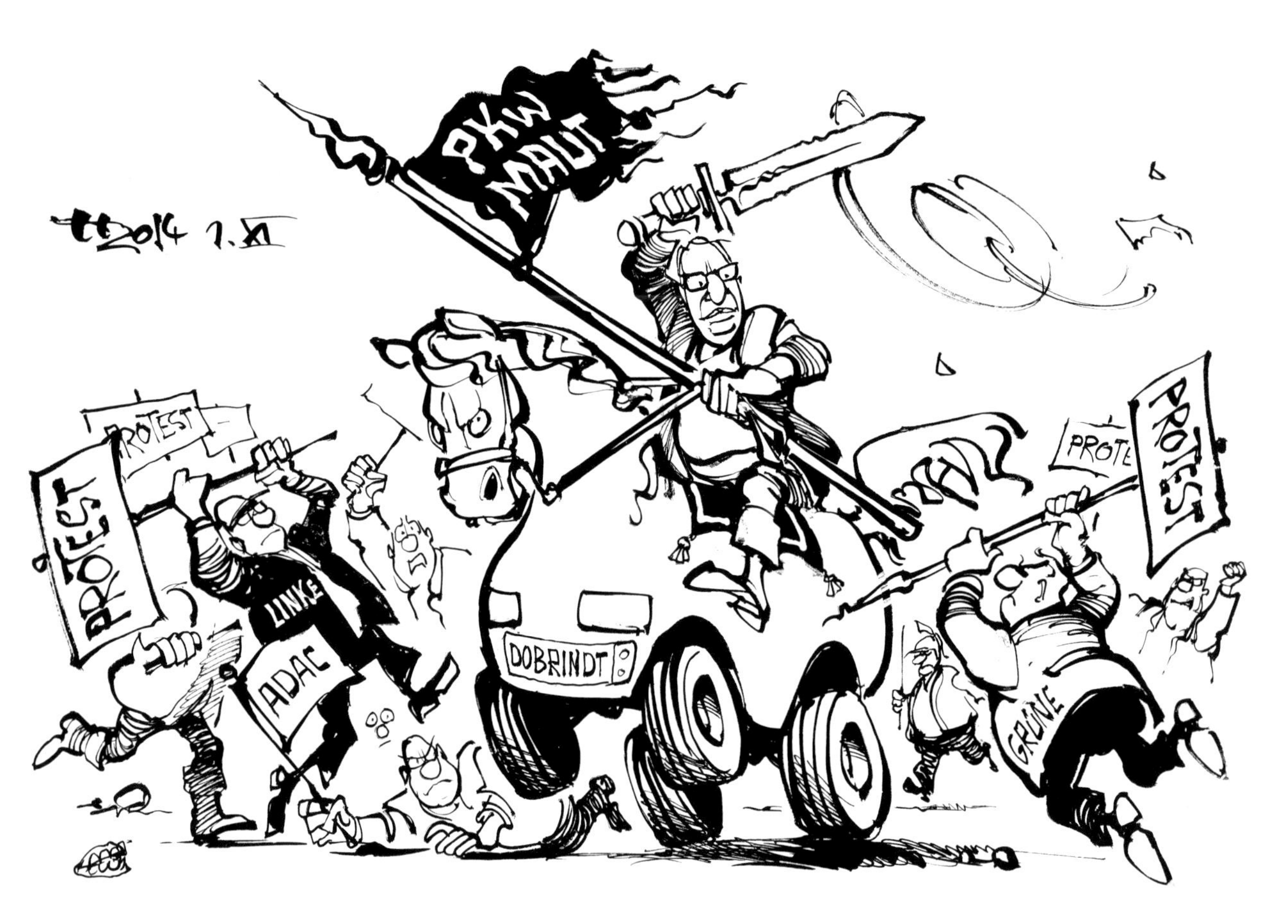

Die Alexanderschlacht (sehr frei nach Albrecht Altdorfer)

November 2014: Verkehrsminister Alexander Dobrindt kämpft für seine PKW-Maut an zahlreichen Fronten.

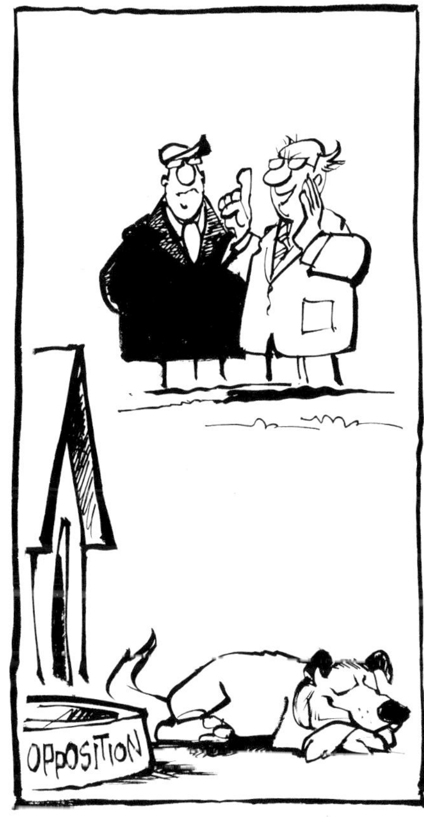

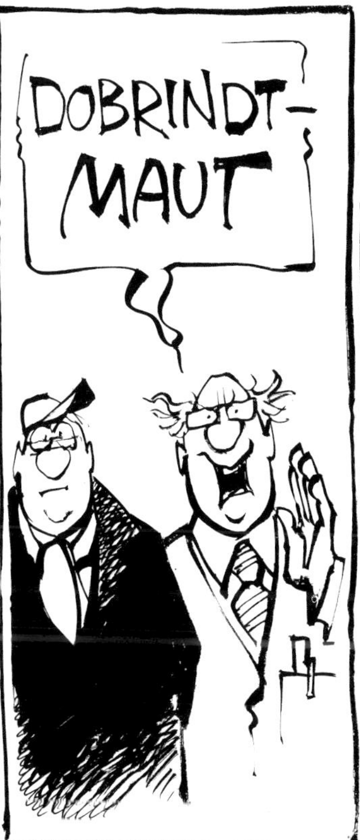

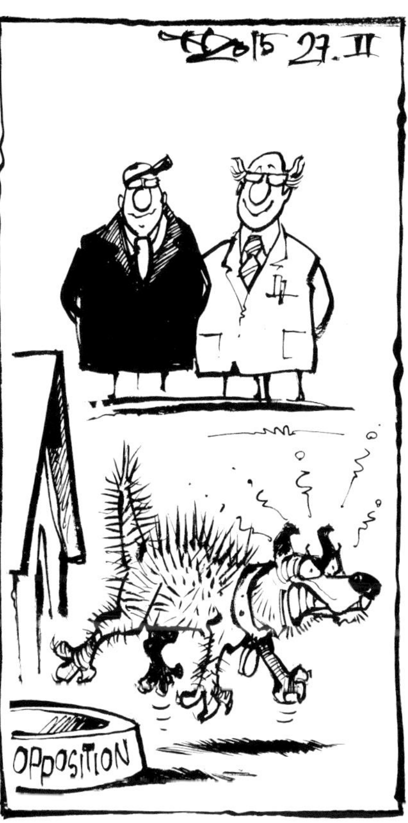

Professor Pawlow demonstriert den berühmten Reflex!

Februar 2015. Auf Verkehrsminister Dobrindts PKW-Mautpläne reagiert die Opposition nur noch mit reflexhafter Ablehnung.

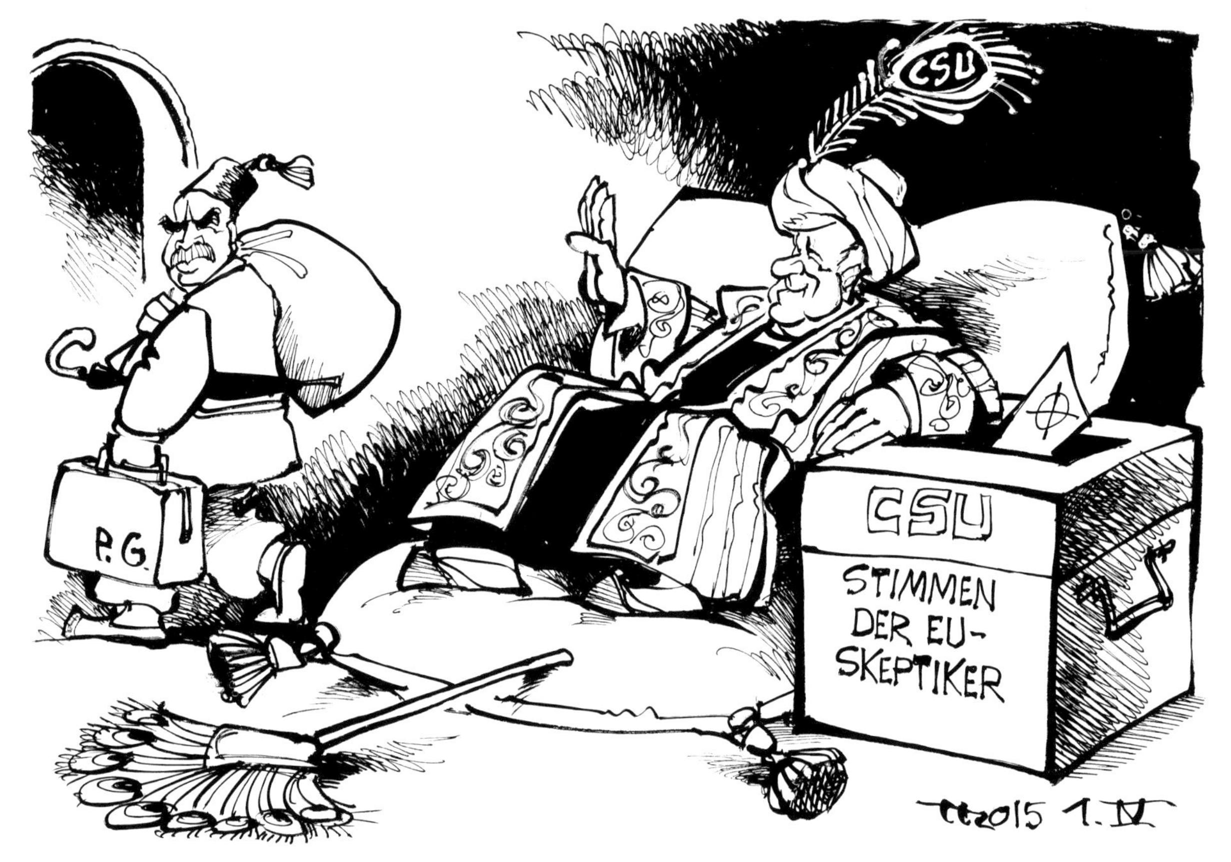

Der Mohr hat seine Schuldigkeit getan!

April 2015: Mit Peter Gauweiler verlässt einer der profiliertesten CSU-Querdenker den Vorstand seiner Partei.

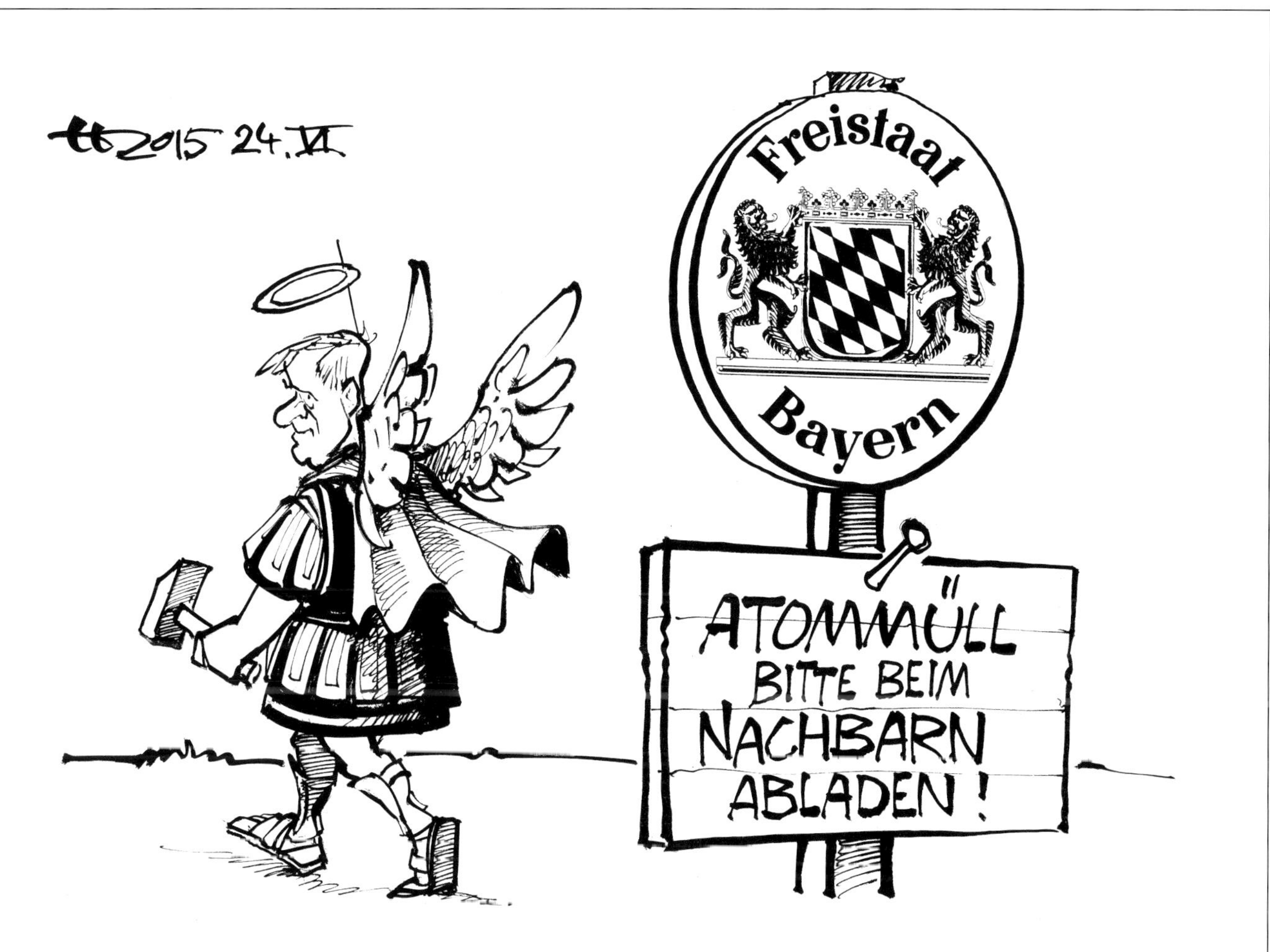

St. Florian war hier!

Juni 2015: Ministerpräsident Horst Seehofer schließt Atommüllendlager in Bayern aus.

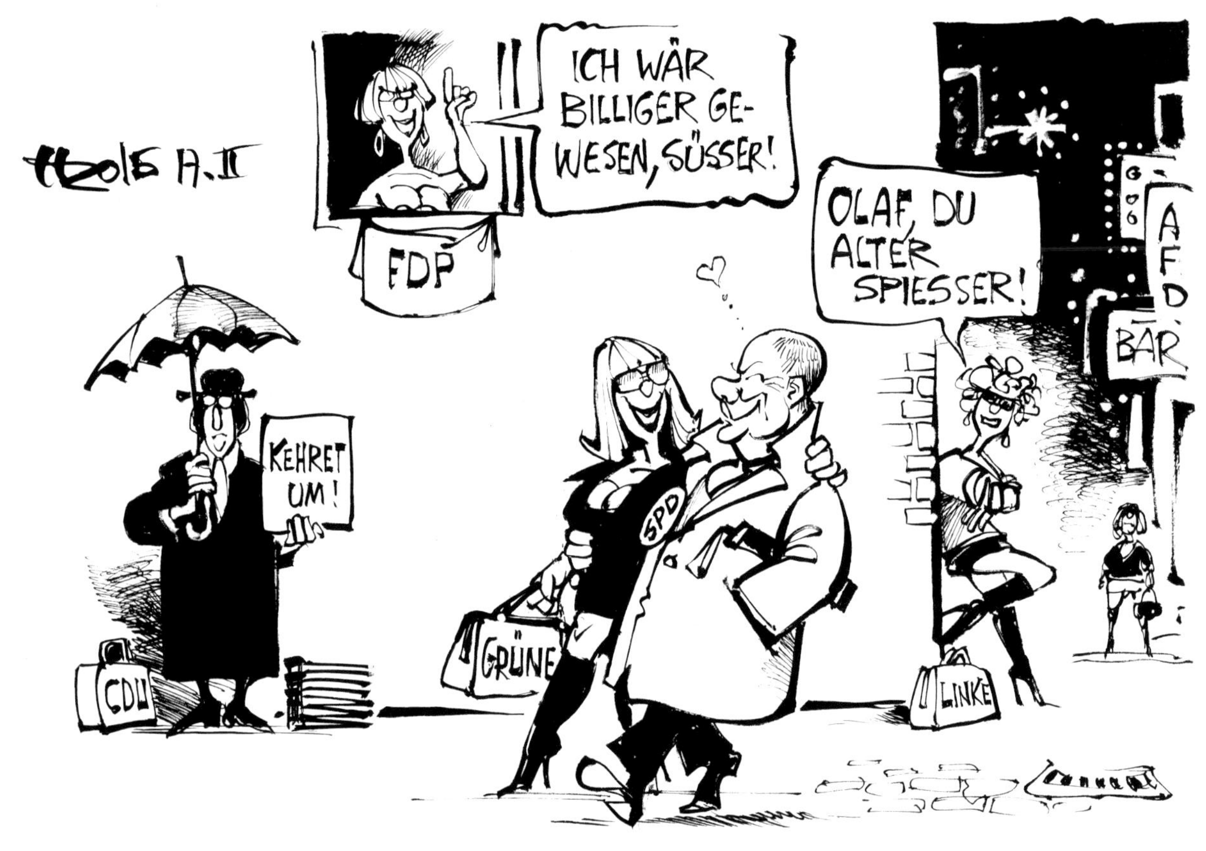

Auf der Reeperbahn nachts um halb eins ...

Februar 2015: Olaf Scholz (SPD) gewinnt abermals die Bürgerschaftswahl in Hamburg und bildet wie geplant eine Koalition mit den Grünen.

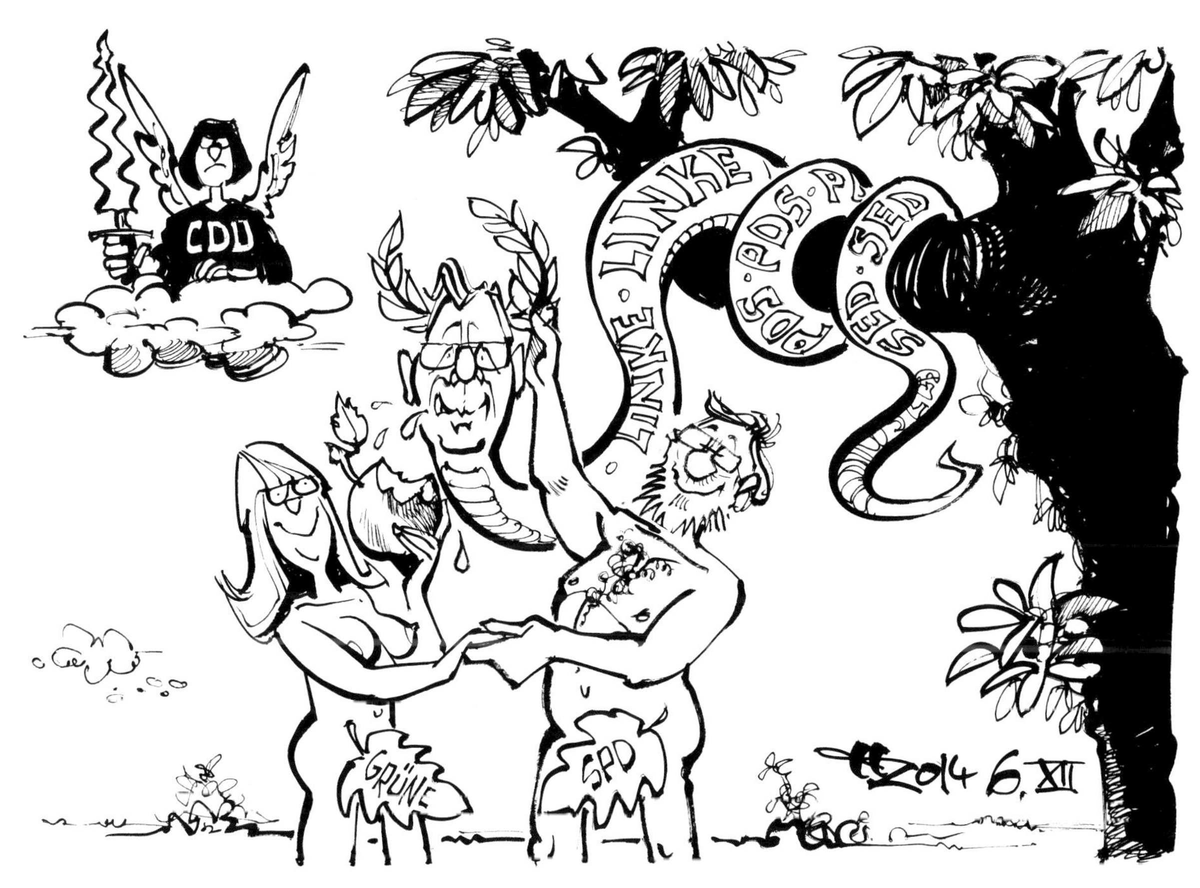

Der thüringische Sündenfall

Dezember 2014: Mit Bodo Ramelow wird in der Bundesrepublik zum ersten Mal, mit Hilfe von Rot und Grün, ein Kandidat der Linken Ministerpräsident.

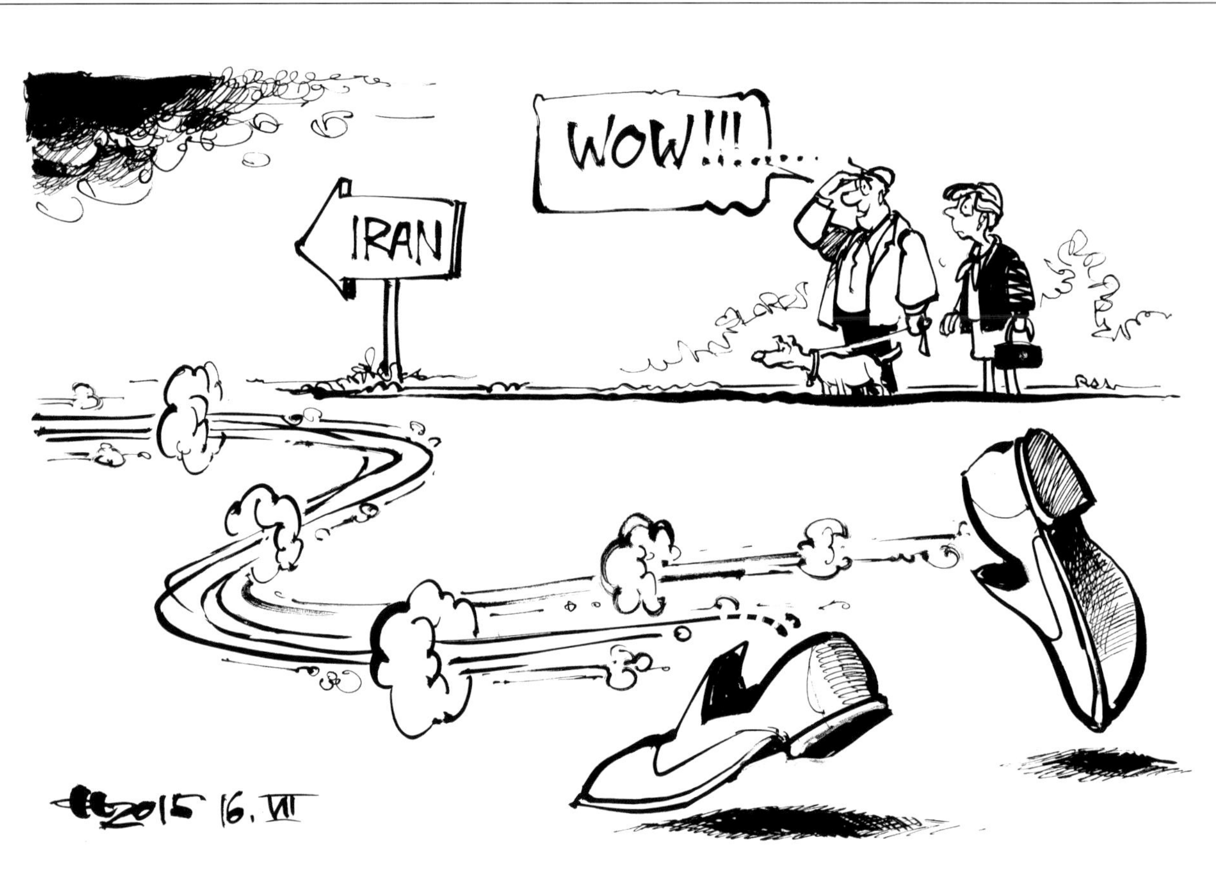

»... Das war der deutsche Export!«

Juli 2015: Nach der geplanten Aufhebung der internationalen Sanktionen gegen den Iran steht die deutsche Wirtschaft mit Hoffnung auf Aufträge in den Startlöchern.

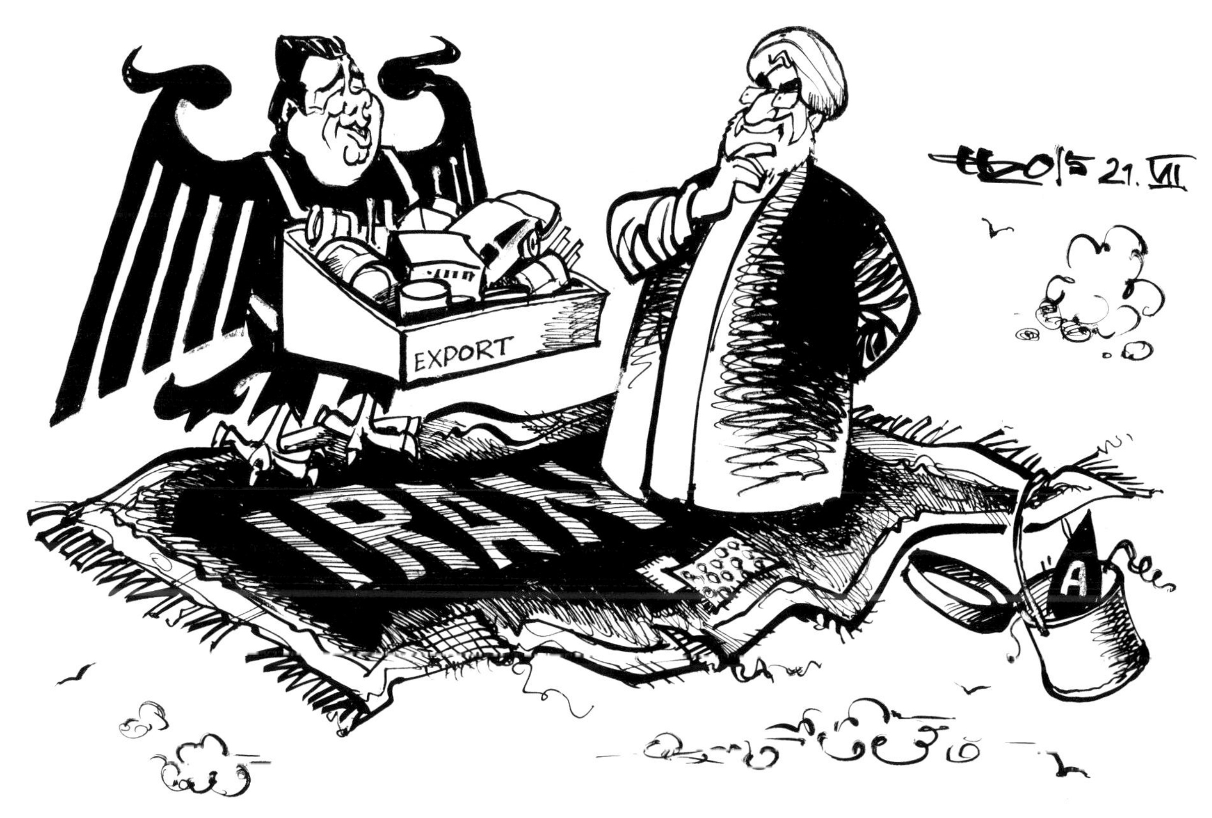

»Darf's etwas mehr sein?«

Juli 2015: Wirtschaftsminister Gabriel reist in den Iran.

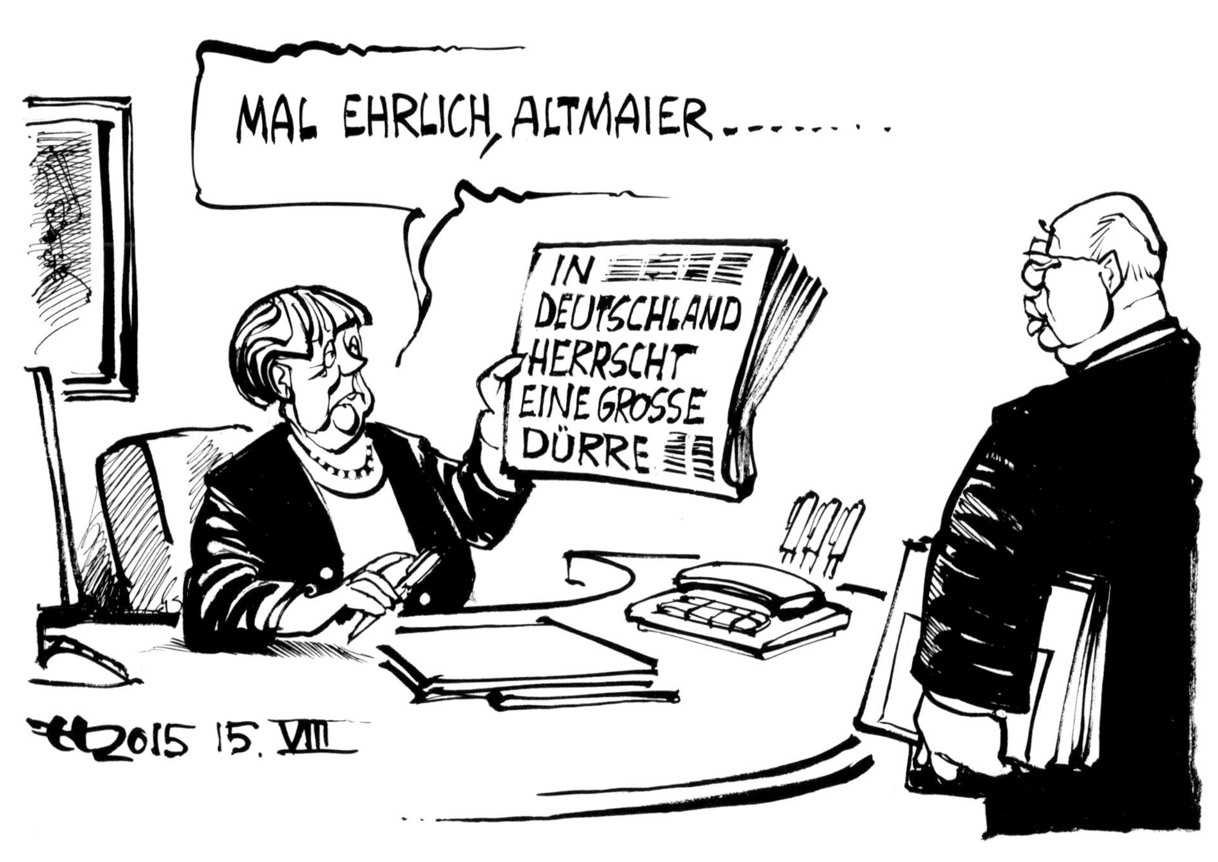

»... bin ich wirklich so mager?«

August 2015: Deutschland leidet zum Teil unter dem längsten und heißesten Sommer seit Jahrzehnten.

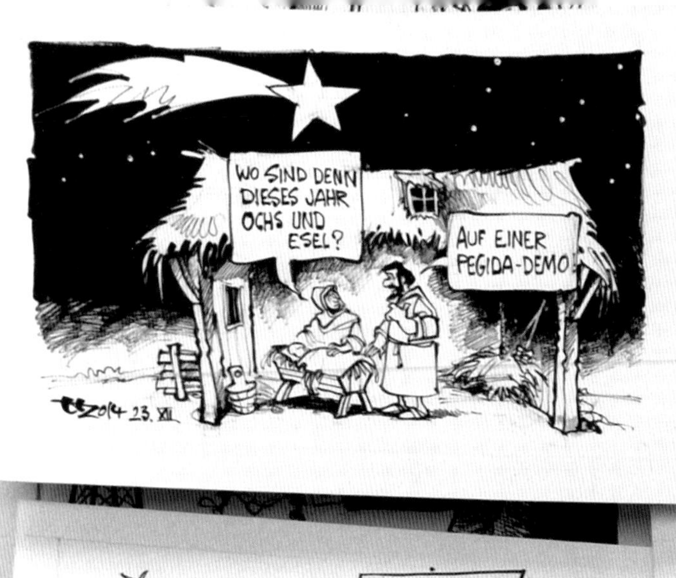

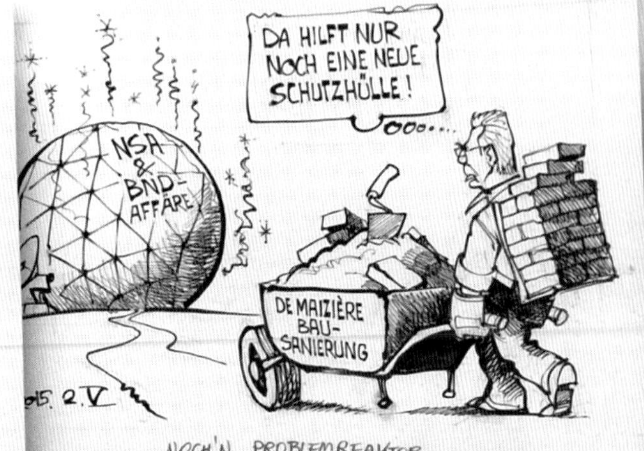

NOCH'N PROBLEMREAKTOR

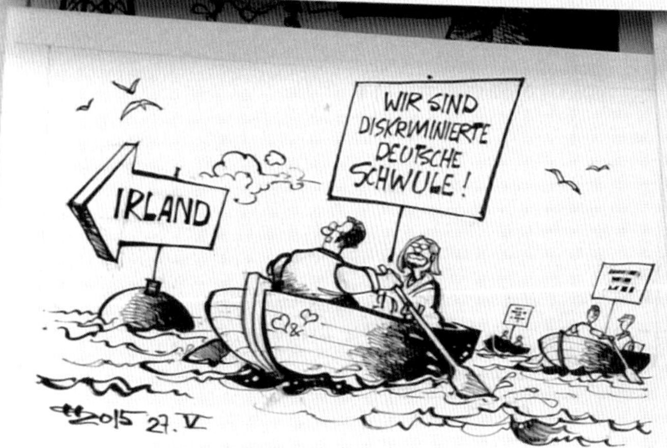

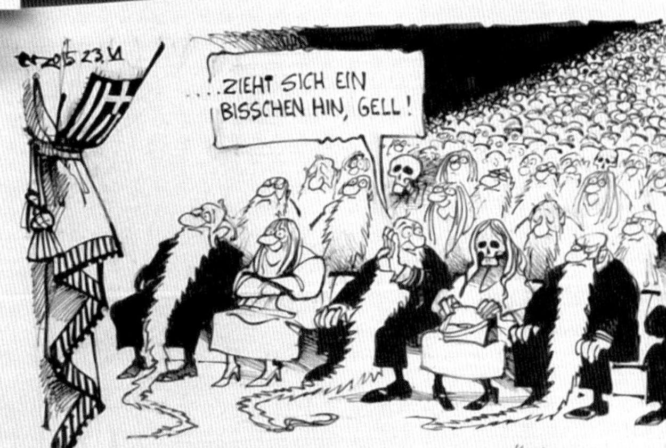

LETZTER AKT DER GRIECHISCHEN TRAGÖDIE

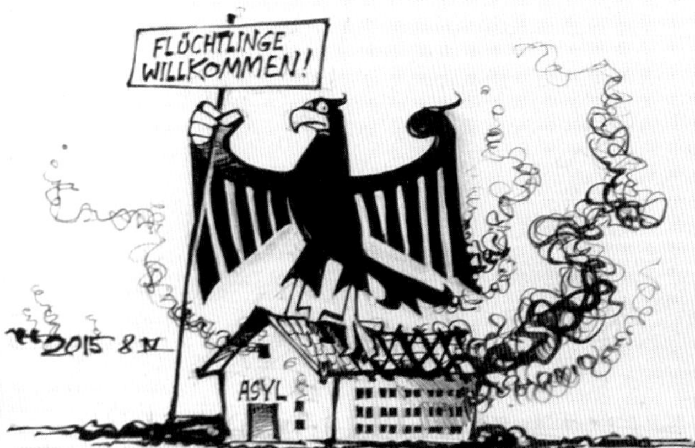

PHÖNIX IN DER ASCHE

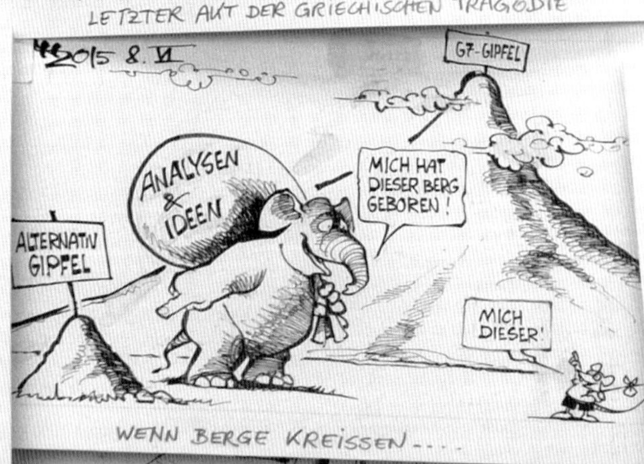

WENN BERGE KREISSEN ...